천사를 만난
사람들의 이야기

오흥복 지음

엘맨

머/리/말

기독교와 천사는 밀접한 관계가 있습니다. 외국서적에는 천사에 대한 정보가 풍부해 많이 다루어지고 있지만 우리나라에서 천사에 대한 정보를 얻는다는 것은 그리 쉬운 일이 아닙니다. 그래서 천사에 대한 우리 기독교인들의 지식이 전무하다고 봐도 과언이 아닐 것입니다.

그런데 이 책이 그나마 우리나라에서 천사에 대한 좋은 정보를 제공할 수 있어서 다행입니다. 본 책은 일상생활에서 또는 죽기 직전과 임사 과정에서 천사들을 만난 사람들의 증언을 바탕으로 이야기가 전개되고 있습니다.

이 책을 읽어 보시면 아시겠지만 시107:20절을 보면 "저가 그 말씀을 보내어 저희를 고치사 위경에서 건지시는도다"하고 있는데 이 말씀이 성경 말씀과 예수님을 의미하겠지만 그러나 혹시 천사는 아닐까 할 정도로 위경에 처했을 때 천사가 나타나 지금도 돕고 있음을 이 책을 통해 알 수 있습니다.
특별히 임종에 처한 성도들의 고백을 보면 예수님을 잘 믿는 성도들은 언제나 돕는 천사 둘이 나타나고, 신앙생활을 잘못한 신자들에게는 죽기 전 천사들과 죽음의 사자가 같이 나타나는 것을 알 수 있습니다. 그러므로 우리 예수님을 믿는 성도들은 살아생전 신앙생활을 잘해 죽기 전 천사만 나타났으면 하는 바람 간절합니다.

본 책은 돕는 천사에 대한 일부 정보만 제공하고 있지만 저의 책 "영적 존재에 대한 이야기"에서 일반천사와 돕는 천사와 마귀와 귀신과 미혹의 영에 대한 풍부한 지식을 제공하고 있으니 본 책에서 미진한 부분은 이 책을 참고해 주셨으면 합니다.

끝으로 이렇게 책으로 출간할 수 있도록 역사하신 하나님께 진심으로 감사를 드립니다.

2022년 7월

서울 순복음 은총교회 오흥복 목사

목/차

제1장   수호천사인 돕는 천사에 대하여 / 9

1. 그렇다면 도대체 천사는 어떤 존재인가?   1o
2. 천사관의 변화   13
3. 개인 수호천사에 대하여   13
4. 수호천사가 하는 사역   17

제2장   삶의 현장에서 천사를 만난 사람들 / 19

1. 로나 번이 만난 천사   2o
2. 실제로 천사가 존재한다는 증거가 카메라에 찍혔다   24
3. BBC 방송에 소개된 천사에 대한 이야기   26
4. 사자가 이슬람 과격파로부터 목사와 성도를 구했다   29
5. 어느 주정뱅이에게 나타난 천사   31
6. 세계 제1차 대전 중에 나타난 천사   33
7. 병원에서 천사를 본 사람   34
8. 인도의 성자 썬다싱이 만난 천사   35
9. 바울의 계시록이 발견된 동기   43
10. 길에서 천사를 만난 어느 권사님   44
11. 어느 목사님이 자신의 돕는 천사를 본 이야기   46

제3장 임종 전 천사를 본 사람들의 이야기 / 47

1. 헬렌이 죽기 전에 나타난 두 천사   48

2. 94살 먹은 할머니가 돌아가실 때 있었던 일   49

3. 병에 걸리지 않고 소천한 목사님   52

4. 어떤 여자 성도가 죽기 전에 있었던 일   53

5. 어린 소녀가 죽기 전 천사를 본 이야기   56

6. 장경동 목사님의 어머니가 소천하시기 전에 있었던 일   56

7. 1886년 제이 비이 부인의 이야기   57

8. 장례식에 나타난 천사   58

9. 신세균 권사님으로부터 들은 이야기   59

10. 대전 순복음 교회 김석산 목사님의 어머니   60

11. 지인 사모님의 아버지가 소천하실 때 있었던 일   61

12. 케네스 해긴 목사님이 본 주님   62

제4장 천사의 도움으로 병에서 치료 받은 사람들 / 65

1. 천사의 치료   66

2. 천사의 도움으로 예언 치료를 했던 목사님 이야기   66

3. 성령님의 사역과 천사의 사역의 구별법   67

4. 어느 목사님의 이야기   68

5. 말기 암에서 천사의 도움으로 살아남   68

제5장　**임사 체험으로 천사를 만난 사람들 / 71**

1. 메리 네일 박사가 만난 천사　　　　　　　　　72

2. 박용규 목사님이 만난 천사　　　　　　　　　76

3. 교통사고를 통해 예수님을 본 사람의 이야기　　80

4. 교통사고를 통해 주님을 만난 해군 부참모총장　82

5. 영혼은 있습니다　　　　　　　　　　　　　　84

6. 임사 체험에서 천사를 만났다　　　　　　　　86

7. 죽는 순간 고통은 있을까 없을까?　　　　　　87

제5장　**천사로부터 경제적 도움을 받은 사람들 / 89**

1. 경제를 돕는 천사 이야기　　　　　　　　　　90

2. 케네스 해긴에게 메시지를 전해준 천사　　　　91

3. 어느 목사님의 이상한 천사 체험기　　　　　　92

4. 꿈에서 천사의 도움을 받았습니다　　　　　　93

• 흐레마 성경 공부 오흥복 목사의 저서 시리즈　　97

제 **1**장

수호천사인 돕는 천사에 대하여

먼저 천사에 대한 자세한 정보는 저의 책 "영적 존재에 대한 이야기"라는 책에 자세히 소개되고 있지만 본장에서는 간략하게 돕는 천사에 대해서만 다루도록 하겠습니다. 그러므로 천사에 대한 자세한 정보를 알기 원하시면 저의 책 "영적 존재에 대한 이야기"를 참고해 주셨으면 합니다.

> 마18:10절을 보면 "삼가 이 작은 자 중의 하나도 업신여기지 말라 너희에게 말하노니 그들의 천사들이 하늘에서 하늘에 계신 내 아버지의 얼굴을 항상 뵈옵느니라"하고 있는데 여기서 소자는 어린아이를 말하지만 이는 관용어적으로 세상에서 큰 자의 반대인 세상에서 미약하게 보이는 모든 사람을 말합니다. 이 믿는 소자들을 업신여기지 말아야 할 이유가 이들을 지키는 수호천사가 하나님을 항상 뵙기 때문이라는 것입니다.

1. 그렇다면 도대체 천사는 어떤 존재인가?

첫째로 이스라엘에서 말하는 천사는 눈에 보이지 않으나

실제로 존재하는 영적 존재로 나옵니다.

성경에서는 천사는 피조물이며(시148:2,골1:16), 영적 존재로 인격을 가지고 있고(히1:13-14), 영원히 죽지 않고(눅20:36), 거룩한 존재(마25:31)이며, 뛰어난 지혜를 소유하고 있어 선악을 분별할 줄 알고(삼하14:17,20), 초인적인 능력을 가졌으며(시103:20), 택함을 받은 존재이며(딤전5:21), 권세를 가졌으며(유1:9), 눈으로 볼 수 없는 존재이며(민22:22-31), 하나님을 찬양하기 위해 지음을 받았으며(시103:20), 불완전한 존재로 나옵니다(욥4:18). 또한 이 천사들은 하나님의 뜻을 전달하고 하나님의 백성을 보호하며 악인들을 벌하는 사역을 수행합니다(창19:1,출3:2). 구약에서는 이런 탁월한 능력을 소유했기에 여호와의 사자라 해서 하나님과 동등한 존재로 나오고, 신약에서는 숭배의 대상으로 섬기기도 하였습니다(골2:18).

둘째로 헬라 사람들(그리스 사람들)이 말하는 천사는 귀신을 말합니다.

어거스틴의 '신국론'이란 책을 보면 헬라 사람들의 천사관이 나오는데 헬라 철학자들은 다이몬(귀신)들 중에 악한 다이몬이 있고, 선한 다이몬이 있는데 이 선한 다이몬을 그들은 천사라 생각했다고 합니다. 다시 말해 그들은 천사라 하면 우리처럼 하늘의 사자를 말하는 것이 아니라 헬라 철학자들은 선한 귀신을 천사라 생각했다고 합니다. 그러나 그들조차도 다시 말해 다이몬(귀신)을 선한 천사로 보았던 자들조차도 다이몬의 영향을 받는 것을 아주 싫어했다고 합니다. 그래서 어떤 사람이 "너는 다이몬(귀신)을 지니고 있다."고 말하는 것을 저주로 생각했다고 합니다. 또한 소크라테스는 귀신이 자기를 어떻게 할 것을 가르쳐 주었다고 했습니다. 이렇게 헬라 사람들은 천사를 이스라엘 사람들과 같이 하나님의 사자인 영적 존재로 생각한 것이 아니라 우리나라 식으로 말하면 귀신을 천사로 생각했다고 합니다.

2. 천사관의 변화

히브리어에서 천사는 '말라크'로 "하나님의 사자, 특사, 천사, 사자, 왕"이란 뜻을 가지고 있는데 이는 하나님의 사자로 실제로 존재하는 영적 존재를 의미합니다. 헬라어에서 천사는 '앙겔로스'로 그 뜻은 '말라크'와 같지만 초기 헬라어에서는 '귀신'을 뜻하는 의미로 사용되었습니다. 이 헬라어가 '코이네(공용)' 헬라어가 되면서 구약 성경(히브리어)을 만나면서 70인역(구약 헬라어 성경)에서는 히브리어의 뜻을 가진 하나님의 사자인 '앙겔로스'로 쓰이게 되어 지금까지 천사하면 '앙겔로스'라 해서 '하나님의 사자'로 쓰이고 있습니다.

3. 개인 수호천사에 대하여

마18:10절을 보면 "삼가 이 작은 자 중의 하나도 업신여기지 말라 너희에게 말하노니 그들의 천사들이 하늘에서 하늘에 계신 내 아버지의 얼굴을 항상 뵈옵느니라"함으로 개인에게 수호천사가 있음을 말하고 있는데 성경에서 수호천사는 국가(단10:13, 12:1), 교회

(계1:20), 개인(행12:15)을 수호한다고 합니다. 유대인들은 각 개인에게는 자기 천사인 돕는 천사(수호천사)가 있다고 믿었고, 신약성경에서도 그렇게 말하고 있고, 또한 크리소스톰은 그의 책 골로새서 강해에서 "각 믿는 자는 천사를 가졌다"라고 말하고 있습니다. '타스커'는 개인 수호천사는 '저희의 영적인 짝들'이라 해서 우리의 영적 짝으로 말하고 있고, 오리겐은 "그리스도 안에 있는 모든 성실한 자는 아무리 작다 할지라도 천사에 의해 도움을 받으며, 그리스도는 이들 천사들이 항상 하늘에 계신 아버지의 얼굴을 본다고 말했고 또한 그는 모든 인간 영혼은 아버지와 같은 천사의 인도 아래 있다고 우리는 말해야 한다"라고 말하기도 했습니다. 그런가 하면 성 다니엘루는 "천사는 출생과 함께 각 사람에게 주어진다는 것은 사실이다. 그것은 오랫동안 카톨릭 교회의 교리였다"라고 말했습니다.

그러면서 카톨릭 신학의 천사학의 근거는 창48:16절의 "나를 모든 환난에서 건지신 사자께서 이 아이에게 복을 주시오며, 이들로 내 이름과 내 조부 아브라함과 아버지 이삭

의 이름으로 칭하게 하시오며 이들로 세상에서 번식되게 하
시기를 원하나이다"라는 말씀과 마18:10절의 "삼가 이 소
자 중에 하나도 업신여기지 말라 너희에게 말하노니 저희
천사들이 하늘에서 하늘에 계신 내 아버지의 얼굴을 항상
뵈옵느니라"라는 말씀과 토빗서3:25절을 제시했습니다. 그
러면서 그는 믿지 않는 자에게도 돕는 천사가 있다고 했습
니다. 그러나 테리로 목사는 '믿지 않는 자들에게는 돕는 천
사가 있지 않고 반드시 믿는 자에게만 붙어 있는데, 그것도
구원의 확신을 가진 자(믿는 자)에게만 보냄을 받았다'고 말
했습니다. 그러나 천사를 본 사람의 증언에 의하면 믿지 않
는 자에게도 개인 수호천사가 있다고 합니다. 그러나 문제
는 그 개인 수호천사가 믿지 않는 자에게도 있다고 해도 그
천사는 결국 가변된 천사에 지나지 않는 것입니다. 즉 천사
가 결국 타락하게 된다는 것입니다.

또한 테리로 목사는 말하길 돕는 천사의 모습은 동양인
과, 흑인과, 백인 천사가 있다고 합니다. 다시 말해 한국 사
람의 천사는 한국 사람의 모양을 하고 있고, 백인 천사는
백인의 모양을 하고 있고, 흑인 천사는 흑인의 모양을 하고
있다는 것입니다. 천사의 방문을 직접 체험한 로버트 벅의

말에 의하면 천사들은 각각 그 용모가 다르며, 동일한 것이 없으며 키와 모양과 생김새도 각각 다르다고 했습니다.

또한 시91:11절을 보면 "저가 너를 위하여 그 사자들을 명하사 네 모든 길에 너를 지키게 하심이라"하는 말씀과 시 34:7절을 보면 "여호와의 사자가 주를 경외하는 자를 둘러 진치고 저희를 건지시는도다"라는 말씀과 행12:15절의 말씀을 보면 "저희가 말하되 네가 미쳤다 하나 계집아이는 힘써 말하되 참말이라 하니 저희가 말하되 그러면 그의 천사라 하더라"하는 말씀에 근거하여 유대인들은 수호천사인 돕는 천사의 모습이 자신의 모습과 똑같이 생겼다고 믿었습니다. 다시 말해 행12:15절을 보면 베드로가 옥에 갇혔을 때 교회가 그를 위해 기도하자 하나님은 베드로를 탈출 시키셨습니다. 그런데 그때 그들이 기도하던 그 장소에 베드로가 나타나자 그들은 설마 베드로가 탈출했을까 하여 로데의 말을 믿지 않고 그러면 그의 천사가 나타난 것이다 라고 말했습니다. 그런데 이 말은 당시 유대인들의 돕는 천사관을 그대로 반영한 대목이라 볼 수 있는 것입니다. 그것은 베드로를 돕는 천사는 베드로를 닮았다고 그들은 믿었습니다. 그래서 그들은 베드로를 향해 베드로의 천사라고 말했던 것입니다. 그래서 그런지 혹자에 의하면 이 수호천사인 돕는 천사는 그 돕는 사람과 일란성 쌍둥이처럼 똑같이 생겼다고 말하고 또한 자기 수호천사를 본 사람에 의하면 실제로 자기 모습과 똑같이 닮았다고 하지만 성경엔 그런 상세한 내용은 나오지 않고 있습니다.

४. 수호천사가 하는 사역

돕는 천사를 다른 말로 수호천사라 하는데, 그 뜻은 '지키고 보호한다'라는 뜻이 있습니다. 그들은 때로는 경제와 질병 치료와 기도응답을 돕기도 하고, 성도들의 안전을 책임지기도 하지만 눅16:22절을 보면 "이에 그 거지가 죽어 천사들에게 받들려 아브라함의 품에 들어가고"하며 이 개인 수호천사들은 살아있을 때는 성도들의 삶을 보호하고 인도하지만 죽게 되면 사후에는 그 영혼을 하나님께로 인도한다는 것입니다(행27:23;히1:14). 이에 대하여 후기 유대교 사상들은 "의로운 사람이 죽으면 그 영혼을 선한 천사들이 받들어 천국으로 모셔가고, 악한 자가 죽으면 악귀들이 지옥으로 데려간다"고 하고 있습니다. 우리나라 식으로 표현하면 악인은 저승사자가 그 영혼을 데려간다고 생각했습니다.

결론적으로 말씀 드리면 개인 수호천사는 영적 존재로 분명히 존재하며 우리를 여러모로 돕고 있습니다. 본 책에서는 천사에 대하여 자세히 설명 드리지 못하고 있고, 단지 돕는 천사를 만난 사람들의 이야기를 일부 다루고 있습니다. 자세한 내용은 저의 책 "영적 존재에 대한 이야기"라는 책을 참고해 주시면 천사에 대한 자세한 정보를 얻을 수 있을 것입니다.

제 **2** 장

삶의 현장에서
천사를 만난 사람들

1. 로나 번이 만난 천사

천사의 존재를 태어날 때부터 보았고 그들과 매일 함께 했다고 전하는 유럽 아일랜드의 아주 평범해 보이지만 비범한 천사를 보는 여성이 있습니다. 로나 번 (1953년생.아일랜드) 그녀는 아주 순수한 눈빛과 작은 목소리로 세계인들에게 "우리 모두에게는 하나님이 보내 주신 수호천사가 있다."라고 말합니다.

제가 태어나 눈을 떠서 기억하는 제 삶에서 한 순간도 천사를 보지 못한 적이 없습니다. 저는 너무 어려서 그들이 천사인지 몰랐고 자라면서 그들이 천사라는 것을 알게 되었죠. (촬영됨)여기 계신 모든 분들처럼 모든 사람에게는 수호천사가 있습니다. 저는 여기 계신 모든 분들 뒤에 밝은 빛을 보았습니다.

수호천사들은 정말 아름답습니다. 묘사하기 힘들 정도고요. 하지만 저는 늘 미소지어야 합니다. 똑같이 생긴 천사들은 없습니다. 그리고 그들은 항상 자신의 모습을 바꿀 수가 있습니다. 어떻게 변하냐면, 어떻게 묘사하면 좋을지..

'그 사람이 삶에서 필요한 모습으로'라고 해야 될까요? 그리고 수호천사들은, 다른 천사들도 마찬가지로 남녀의 성별이 없습니다. 왜냐하면 그들은 바뀔 수가 있습니다. 그래서 저는 웃을 수밖에 없지요. 여전히 그들은 아름답습니다. 저는 종종 그들을 그냥 창조물이라고 부릅니다. 왜냐하면 당신의 수호천사는 하나님이 주신 선물입니다. 그리고 모든 인간에게는 수호천사가 있습니다. 그들의 종교와 상관없이 국적이나 피부 색깔에 상관없이 말이죠. 또한 어떠한 신에 대한 믿음이 없는 무신론자라도 말이죠. 믿기 어려우시겠지만, 모든 사람에게 수호천사가 존재합니다.

제가 살면서 본 사람 중에 한 명도 수호천사가 없는 사람을 본적이 없습니다. (인터뷰하는 사람에게 한 말임.) 당신도 예외가 아닙니다. 당신의 천사도 지금 계속 움직이는데 제가 살짝 보았는데 당신의 수호천사는 아닙니다. 그냥 당신의 두 천사인데 당신의 행동을 항상 흉내 내고 있는 존재들입니다. (그녀는 그것이 너무 재미있어 웃을 수밖에 없다고 말합니다. 천사들이 행동을 흉내 내는 이유는 그 사람의 기운을 돋우게 하기 위해서라고 합니다). 아주 좋아요. 그들이 저를 계속 웃게 만드네요(웃음). 당신의 수호천사는 당신을 사랑하고 있습니다.

그들에게 당신은 최고의 존재입니다.

저는 당신을(우리 모두) 보듯 천사의 모습을 봅니다. 제 걸음 뒤쯤 비춰지는 빛의 존재는 늘 당신을 지켜주고 도와주며 때론 귀에 속삭이고 항상 당신의 행동을 따라하면서 당신을 복돋아 주고 있답니다. 여러 다른 천사들은 당신 앞에 있다가 옆에 있다가, 위에서 떠다니기도 하며 당신의 수호천사가 부탁한 것을 해주기도 하고, 오고, 갑니다. 그러나 당신의 수호천사는 당신을 절대 떠나지 않습니다. 대부분 그들의 일은 우리들에게 괜찮다고, 모든 것이 잘 될 것이라고 우리를 안정시키는 것입니다.

당신이 하나님을 믿지 않는다고 해도 당신 곁에는 수호천사가 있기에 저는 당신을 보며 미소 지을 수밖에 없답니다. "저는 왜 제가 선택되어 천사들을 볼 수 있는지 모릅니다. 그러나 수호천사는 우리가 태어나기 전부터 하늘에서 하나님의 빛인 우리의 영혼이 잉태될 때 정해져서 함께 내려옵니다. 우리는 하늘에서 이미 수호천사와의 만남이 있었습니다. 그리고 그 수호천사와 당신은 서로 너무도 잘 아는 사이입니다. 그들은 우리 곁을 떠나지 않고 지키고 있습니다. 우리의 영혼이 곧 하나님의 빛이기 때문이죠. 그리고 우리가 사명을 마치고 하늘로 올라갈 때 우리의 영혼을 안고 함께 올라갑니다. 그때 우리는 비로소 자신의 수호천사를 보게 되는 거죠. 우리 영혼은 하나님의 영혼의 빛의 일부입니다.

우리는 영원히 존재합니다. 우리 육신은 죽지만 영혼은 하나님의 빛으로 영원합니다. 사랑이 가득한 존재로 영원히 존재합니다. 하지만 저 역시 육신을 가지고 있는 지금, 하나님께 항상 말합니다. 저는 그저 피와 살을 가진 완벽하지 않은 인간이니 너무 큰 기대를 하지 마시라고요(웃음). 저는 완벽하지 않습니다. 우리가 모두 그렇듯이요".

성도 여러분, 이와 같이 우리에게는 수호천사인 돕는 천사가 있기에 힘을 냅시다.

2. 실제로 천사가 존재한다는 증거가 카메라에 찍혔다

죽어가는 소녀를 살린 천사의 모습이 카메라에 잡혔습니다. 여러분은 천사의 존재를 믿습니까? 미국 NBC 뉴스의 앵커의 질문입니다. 한 여론 조사에 의하면 75%의 미국인이 천사의 존재를 믿는다고 합니다. 그러나 여러분이 천사의 존재에 대하여여 회의적이라면 다음 이야기를 보신 후에 마음을 바꾸실지도 모르겠습니다. 다음은 NBC 론 마트 기자입니다.

엄마 폴린벤튼은 장애가 있는 딸 첼시가 15번째 생일을 맞이하게 될 것이라고 생각하지 못했다고 합니다. 그러나 첼시는 가족들에게는 지금 축복의 선물이 되었습니다. 엄마가 딸에게 말하길 "7을 세어 볼 수 있니?" 가족들은 지금 모든 축복에 감사하고 있습니다.

엄마가 말하길 "저희는 기적을 위해 기도해 왔습니다. 저는 이번 일이 기적이라고 생각합니다. 지난 9월 첼시는 폐렴으로 인해 샬롯 병원에서 거의 죽음의 문턱을 오갔습니다. 사진 속에서 큰 언니 케일리는 첼시가 마지막 작별인사를 하는 줄로 생각했습니다. 그런데 생명 유지 장치가 사라진 후 1시간 후에 청소년 병실 문 앞에 한 이미지로 인하여 병원 직원들은 깜짝 놀라게 되었습니다. 병원 보안 카메라에 한 이미지가 나타났어요. 그건 천사의 이미지였어요. 아마 첼시를 천국으로 데려가지 위해 천사가 왔던지 아니면 첼시가 회복될 것이라 알려 주기 위해 천사가 온 거라고 그 순간 생각했습니다." 그런데 첼시는 거의 회복되었다고 엄마는 말합니다. "의사들과 간호사들은 모두 놀라워했어요." 엄마는 핸드폰으로 화면 속의 이미지를 찍었습니다. 밝은 빛의 형상은 병원 보안 카메라에서만 볼 수 있었습니다.

(NBC 론 마트 기자의 말) 병원에서 확인한 바에 의하면 병원직원들도 또한 무언가를 보았다고 가족들에게 말해 주었다고 합니다. 그 일은 축복이었고 기적이었습니다. 그 일을 통해 무슨 일이든 당연하게 여겨서는 안 된다는 점을 배우게 되었어요. 감동적인 이야기입니다. 카메라 밖에서는 엄마를 보고 첼시가 울기 시작했어요. "울지마라, 괜찮아, 괜찮아."

현재 첼시의 상태가 좋아졌기 때문에 가족들의 관심은 곧 다가오는 첼시의 15번째 생일을 축하하는 것입니다. 아주 특별한 생일입니다. 첼시의 생일은 매년 크리스마스이지만 올해는 천사의 손길이 닿은 특별한 생일이 되었습니다. 지금까지 애틀란타에서 NBC 뉴스 론 마트 기자였습니다.

성도 여러분, 이와 같이 천사가 실제로 나타난 것이 카메라에 잡혀 미국 애틀란타에서 NBC 뉴스 론 마트 기자가 뉴스에 방송한 내용입니다. 이렇게 천사는 실제로 존재합니다.

3. BBC 방송에 소개된 천사에 대한 이야기

저는 추운 겨울날 저녁, 운전을 하고 가던 길이었습니다. 양편에 숲이 펼쳐진 큰 길가를 운전하던 중 두 차가 헤드라이트를 켜고 함께 달려오고 있었습니다. 아주 빠르게 달려오기에 저는 순간적으로 왼쪽으로 핸들을 꺾었지만 한 차가 저의 차를 박아 버렸습니다. 아주 심각한 사고였습니다. 구급차가 달려왔고 다른 사람들을 모두 구하기에 바빴습니다. 왜냐하면 저는 차에 심각하게 갇혀서 나올 수가 없는 상황이었습니다.

저는 제가 죽어가고 있다는 것을 알았습니다. 그때 믿기 어려운 놀라운 일이 벌어졌습니다. 갑자기 숲 쪽에서 어떤 형체가 저를 향해 다가왔고 그는 숲에 나무가 많은데도 마치 그것들을 통과하듯 직선으로 직진하여 걸어왔습니다. 제 옆자리에는 유리조각 파편들이 잔뜩 있었는데도 차문을 열고 옆 자리에 앉았습니다. 그는 모자가 달린 후드 코트를 입고 있었습니다. 그가 손을 저에게 얹었고 믿을 수 없을 정도로 강력한 힘이 저에게 들어왔습니다. 마치 전기코드를 꼽은 것처럼 말이지요. 이 강력한 힘은 멈추지 않고 계속해서 저의 온몸에 퍼져 나갔습니다. 얼마 후 구급대원이 차로 와서 저의 가족들을 병원으로 이송할 준비가 다 되었다고 했습니다.

그때 제 옆에 있던 남자는 차에서 내려 구급대원에게 가서 그의 아내를 이리 데리고 오라고 했고, 구급대원은 그의 말대로 저의 아내를 데리고 왔습니다. 그리고 우리에게 그는 아주 뚜렷이 "남자여, 당신은 아내와 아이들과 함께 온전히 다시 하나가 될 것이며 다른 이들이 어떠한 말을 당신에게 하더라도 무시하거라."라고 했습니다.

병원에 도착하자 의사들은 즉시 저를 보고 제 왼쪽 발과 종아리를 절단하는 서류에 사인할 것을 요구했습니다. 그러나 저는 그것을 허락할 수가 없었습니다. 왜냐하면 그 존재가 저에게 전한 '다른 이들이 어떤 말을 하더라도 무시하라'는 말과 우리 가족들이 모두 온전하게 다시 하나가 될 거라는 말을 믿었기 때문이었습니다.

그리고 지금 저는 저의 온전한 발과 다리로 잘 살아가고 있답니다. 사고가 난 몇 주 뒤에 경찰이 와서 저에게 두 가지 질문을 했습니다. 차가 심각하게 부서진 상황에서 제가 어떻게 온전할 수 있었는지와 자신들이 본 제 옆자리 앉았던 사람이 대단한 위엄을 가지고 자신들이 그의 말에 지체하지 않고 복종할 수밖에 없었던 이유에 대해 말이지요. 저는 그 존재가 하나님이 저를 버리지 않으시고 저를 지켜주시기 위해 보내신 천사라고 믿고 있습니다. 저는 그때 사랑받는 느낌을 강력하게 받았습니다.

성도 여러분, 이렇게 천사는 우리의 복병이 되어 어려운 상황에서 우리를 돕습니다. 이렇게 천사는 확실히 존재합니다.

4. 사자가 이슬람 과격파로부터 목사와 성도를 구했다

성경의 한 부분처럼 기적적인 일이 발생했습니다. 중동에서 은밀하게 예배를 드리고 있던 목사가 사자들에 의해 이슬람 과격파로부터 구출되는 기적이 일어났다고 WND가 보도했습니다. WND에 의하면, 중동지역에서 성경배포 사역을 담당하고 있는 기독교단체인 Bibles for Mideast 대표인 폴 시니라지 목사는 예배를 드리던 중 세 마리의 사자들에 의해 이슬람 과격분자들로부터 구출되었다고 자신의 목회 사이트에서 밝혔습니다.

폴 목사는 "부활하신 예수님이 내 생명을 구했다."며 "형언할 수 없는 하나님의 은혜에 감사하며 찬송한다."고 말했습니다. 폴 목사는 이 기적적인 이야기는 3주 전으로 거슬러 올라간다고 말했습니다. 3주 전 그가 몇 성도들의 침례를 막 마치려고 했을 때 이슬람 과격분자들이 도착하여 그들에게 돌을 던졌습니다. 폴 목사는 중상을 입고 병원으로 옮겨졌으며 다시 전문병원으로 후송됐습니다. 앞서 폴 목사에게 돌을 던져 중상을 입혔던 이슬람 과격분자들은 폴 목사가 병원에서 치료를 받고 있는 것을 발견하고 강제로 병원을 떠나게 했습니다. 폴 목사는 무슬림에서 크리스천으로 개종한 수풀 근처에 살고 있는 동료 목사 아이윱의 집에 은밀히 이송되었습니다.

폴 목사는 그 집에서 동료 목사의 아이들, 노모와 함께 머물고 있었습니다. 성도들도 은밀히 폴 목사를 방문했으며 그들은 함께 기도회를 가졌습니다. 약 3주 후 부활절 주일에 폴의 동료 목사 아이윱이 성도들과 예배를 드리고 있을 때 갑자기 이슬람 과격분자들이 무기와 쇠 파이프를 휘두르며 들이 닥쳤습니다. 폴 목사는 당시를 회상하며 "우리는 어찌할 바를 모르고 있었다."고 말했습니다. 당시 폴 목사는 중상에서 충분히 회복되지 못하고 있었습니다. 예배를 드리던 모든 성도들이 희망을 잃고 그날이 생애의 마지막 날이라고 생각했었다고 폴 목사는 말했습니다.

바로 그때 한 마리의 사자가 숲 속에서 나타나 이슬람 과격분자 한 명을 공격했습니다. 다른 이슬람 과격분자들이 사자를 공격하려고 했을 때 두 마리의 사자가 더 나타나 공격했습니다. 사자의 갑작스런 공격에 너무 놀란 이슬람 과격분자들은 달아나 버렸다고 합니다. 하지만 사자들은 폴목사와 신자들을 그대로 남겨둔 채 떠났다고 합니다. 폴 목사는 "더욱 우리를 놀라게 한 것은 그 숲속에 사자들이 살고 있다는 기록은 없다."고 말했습니다. 이 소식을 접한 네티즌들은 사자들이 천사들이었고 하나님이 보낸 것이라며 하나님께 감사와 찬송을 드린다고 말했습니다.

성도 여러분, 지금도 주님은 신실하게 믿는 성도들에게는 천사라는 복병을 준비해 놓으셨다가 우리를 돕고 계십니다. 그러므로 열심히 주님을 사랑하며 신앙생활합시다.

5. 어느 주정뱅이에게 나타난 천사

1967년 9월 30일, 영국의 런던에서는 전날 직장을 잃어 낮술을 마신 뒤 주정을 하며 거리를 돌아다니던 앨 해리슨 씨가 자신의 길 앞을 가로막던 정체불명의 청년을 만나게 됩니다.

'너는 누구냐, 비켜'라고 고함을 지른 해리슨씨는 '나는 마이클이요, 당신은 이 길을 걸어가면 안되오'라며 길을 막는 청년의 모습을 본 뒤, 뒤로 돌아 자신의 뒤로 걸어오는 사람들에게 '야 이놈들아! 이놈이 나보고 이 길을 걸어가지 못하게 한다'고 고함을 지릅니다.

술에 취해 성난 사람을 목격한 뒤 기겁을 한 시민들은 모두 그를 피해 길을 건너 맞은편 도로를 걷기 시작했고, 갑작스레 약 30m 앞거리에서 주차 되어 있던 자동차가 엄청난 폭음과 함께 폭발을 하는 테러사건이 발생합니다.

아일랜드 해방기구에 의해 설치된 폭탄은 25m 반경에 있는 모든 생명체의 목숨을 앗아갈 위력을 가지고 있었지만 해리슨 씨의 주정에 의해 길을 비킨 사람들은 모두 그 덕에 생명을 건질 수 있었습니다.

후에 신문사의 인터뷰에 나온 해리슨 씨는 자신의 앞길을 가로막은 사람이 분명 테러범일 것이라는 추측을 하였으나, 경찰에 의해 테러범은 자동차 안에서 폭탄을 설치하다 폭발하여 폭발 사고로 죽은 것으로 밝혀졌고, 해리슨 씨

뒤에 좇아오던 사람들은 단 한 명도 그의 앞을 가로 막은 사람을 보지 못했다고 합니다. 후에 '천사의 손이 시민들을 살렸다'는 기사를 본 런던시민들은 저마다 해리슨 씨에게 직업을 주겠다는 연락을 하였습니다.

성도 여러분, 이처럼 오늘 날에도 천사는 나타나 돕고 있는 것입니다.

6. 세계 제1차 대전 중에 나타난 천사

세계 제1차 대전 중에 천사가 나타나 도운 이야기는 한 달 동안 영국을 시끌벅적하게 했습니다. 그 내용은 다음과 같습니다.

1914년 8월, 프랑스 몽 근처에서 영국군대들은 휴식도 없이 전쟁을 치루고 있었습니다. 영국군들은 많은 병사와 총을 잃었으며 패배는 불가피한 것 같았습니다. 세실 헤이워드 대위는 그 당시 그곳에 있었는데 총격전 중 갑자기 양쪽의 총화가 멈추었다고 합니다. 놀랍게도 영국 군대들은 "사람들보다 훨씬 큰 네다섯 명의 놀라운 존재"가 그들과 독일군 사이에 있는 것을 보게 되었습니다.

"이 사람들"은 모자를 쓰지 않고 있었으며 길고도 하얀 옷을 입고 있었는데 서 있다기보다는 떠다니는 것 같이 보였다고 합니다. 그들의 등은 영국군들 쪽을 향하고 있었고 그들의 팔과 손은 독일군들 쪽으로 쭉 뻗어 있었다고 하는데 그 순간 독일 기마병들을 태운 말들이 겁을 집어 먹고는 사방으로 흩어졌다고 합니다. 헤이워드 대위는 이후에도 전쟁 중에 몇 차례 더 천사의 도움을 받았다고 말했습니다.

성도 여러분, 이렇게 천사는 전쟁 중에서도 돕는 존재입니다.

7. 병원에서 천사를 본 사람

제가 예전에 죽을병에 걸려서 병원에 입원한 적이 있었어요. 40일 정도를 1인실에 입원해서 치료를 받았는데 그때 제가 천사를 보았습니다. 제 병실에서 네명의 천사를 보았어요. 꿈속에서 본 게 아니예요. 제가 깨어 있는 현실에서 보았어요.

8. 인도의 성자 썬다싱이 만난 천사

썬다싱은 1896년 인도의 카시밀과 쟈무 고원과 히말라야를 위로하고 인도의 젖줄인 인더스와 갠지스가 흐르는 곳인 판잡지방에서 태어났습니다. 그의 부모는 인도의 소부족인 시크족이었고 그들의 신앙은 조상을 숭배하는 시크교였습니다. 이름은 썬다이고 성은 싱인데 사자의 용맹이란 뜻을 가지고 있습니다. 원래는 시크족의 성이 다 달랐는데 18세기 인도로부터 시크족이 핍박을 받으며 성을 하나도 통일했다고 합니다. 그래서 시크족의 성은 모두 싱이란 성을 갖게 되었다고 합니다.

그는 어려서 시크족 안에 장로교 선교사가 세운 미션스쿨을 다녔는데 그의 아버지는 시크족에서 유지였고 시크교를 철저히 숭배하는 자였다고 합니다. 그의 어머니는 썬다싱이 14세 때 죽었는데 그녀는 시크족이었지만 시크교만 믿는 것이 아니라 모든 종교를 다 인정하는 다신론자였다고 합니다. 그러나 그의 어머니는 죽기 전에 선교사에 의해 예수를 영접했다고 합니다.

썬다싱이 프란체스코와 같이 경건한 생활을 할 수 있었던 것은 그의 어머니의 영향이 컸다고 합니다. 그의 어머니는 철저한 경건주의자였는데 그는 어려서부터 그 어머니를 좇아다니며 경건 생활을 철저히 배웠다고 합니다. 그는 현명하고 지혜롭고 똑똑한 아이로 그를 보는 자들마다 그를 칭찬했는데 그의 어미니가 죽은 후에는 성격이 빗나가 폭력배들과 어울리고 기독교를 미워하는 사람으로 변해 미션스쿨에 다니면서 많은 말썽을 부렸고 심지어 경건 시간에 경건예배를 드리지 못할 정도로 예배를 방해하고 하나님을 모독하는 질문을 하기도 했다고 합니다.

그가 동네 폭력배들과 어울려 다니며 나쁜 짓을 하면서 그는 열 여섯살 때 인생의 허무를 일찍 경험을 하게 됩니다. 그는 심한 허무감에 시달리다가 결국 자살하기로 결심하고 새벽 5시에 지나가는 기차선로에 누워서 죽기로 결심합니다. 그리고 그는 마지막 자살을 앞두고 하나님께 기도합니다. 만약 당신이 살아 계시다면 내가 5시에 자살하려 하는데 주님이 나타나셔서 나를 구원해 달라고 기도했습니다. 그리고 그는 목욕재계를 하고 죽을 각오를 하며 하나님께 기도했습니다. 그러나 아무 응답이 없었고 이제 한 시간 정도면 새벽기차가 지나갈 시간이 되어 죽을 시간이 가까이 오자 그는 하나님께 더욱더 간절히 기도했습니다.

그런데 그때 다메섹 도상에 주님이 바울에게 나타난 것 같이 썬다싱에게 주님이 영광 가운데 나타나셨습니다. 그리고 말씀하시길 "썬다야! 네가 얼마나 오랫동안 나를 박해하려 하느냐? 나는 네가 찾는 '길'인 예수니라! 너를 구원하러 왔도다."하며 나타났습니다. 그는 이 일로 인해 자살을 멈추고 진정으로 회개하고 주님의 종이 됩니다. 그는 자살하기 4일 전에 미션스쿨 교장에게서 성경을 구입해 성경을 다 태웠던 사람이었습니다. 그때 그의 나이 만16세가 채 안 되었습니다. 그는 이 체험 후 시크교를 숭배하는 아버지와 시크족 사람들에게 자신이 주님을 만나 개종했음을 알리게 됩니다.

사람들이 그를 설득하려고 애를 쓰지만 결국 실패로 돌아갑니다. 할 수 없이 아버지는 시크족과 시크교냐 아니면 예수냐 둘 중에 하나를 택하라 강요합니다. 결국 그는 부족을 버리게 됩니다. 그로 인해 그는 아버지로부터 집에서 쫓겨나는데 아버지는 개종한 아들을 죽이려고 마지막 저녁식사를 먹게 하는데 그 음식 안에는 독약을 넣었습니다. 그러나 그는 하나님의 은혜로 독약을 먹고도 살아나게 됩니다. 15년 후에 아버지는 아들에게 회개하고 예수를 주님으로 영접하고 썬다에게 많은 재산을 물려주고 죽습니다.

썬다는 39년을 살았는데(1928년 9월에 생을 마침) 그의 일생 선교지는 인도 전 지역이었지만 주 선교지는 불교국가 티베트였습니다. 그는 히말라야를 9번 맨발로 넘고 10번째 넘다가 실종되었습니다. 그가 실종된 후 인도와 티베트 정부는 그의 시체를 찾으려 노력했고, 또한 그의 전도여행 경로를 추적해 그의 시체를 찾으려 했지만 결국 찾지 못했습니다. 이로 인해 후세 사람들은 "그가 순교 당했다. 또는 빙벽에서 떨어져 죽었다. 또는 엘리야와 에녹 같이 휴거했다."하고 소문이 무성하지만 대부분의 사람들은 아마 순교해 죽었을 것이라 믿고 있습니다.

그는 역대 3대 신비주의자에 속할 정도로 기도와 묵상생활을 많이 했습니다. 그는 성경을 읽고 나서 묵상하였습니다. 그는 영국과 미국과 프랑스 등지에서 설교도 했는데 그때마다 많은 사람들이 구름 떼처럼 몰려 들었고 마치 주님의 설교를 듣는 것 같다고 청중들은 고백했습니다. 그런데 그는 설교를 할 때 원고를 준비하지 않고 설교 전 2~3시간 전에 말씀을 계속 묵상해서 얻은 것을 가지고 설교했다고 합니다. 그는 꽃과 식물과도 대화를 했고 사자와 표범 같은 것들이 그에게 순종했다고 합니다.

그는 죽기 전 즉 마지막 티베트 선교를 위해 히말라야를 넘기 전 나환자촌의 홧슨 원장에게 마지막 편지를 썼는데 그 내용은 다음과 같습니다. "오늘 티베트를 향해 떠납니다. 무슨 일이 일어날지 모르는 험로이긴 하지만 행20:24절에서 바울과 같이 나는 목숨을 아끼지 않고 내게 맡겨준 임무를 다하려고 합니다. 내가 간간히 소식을 전하겠지만 만약 저로부터 아무 소식이 없거나 또한 저에 관해서 안부를 알 수 없으면 7월경에 수바투의 제 숙소로 오시어서 방을 좀 정리해 주시기 바랍니다."라고 편지를 쓴 후 그는 실종되었다고 합니다.

그가 인도 전 지역과 티베트를 전도하는 동안 죽을 고비를 여러 번 당하고 돌로 구타를 당하고 모욕을 당한 것은 이루 말할 수 없다고 합니다. 그러나 그중 대표적인 것은 티베트에서 전도를 하다 고발되어 재판을 받아 사형에 처해졌는데 티베트에서의 처형 방법은 소가죽에 물을 묻혀 꽉 조여 입게 하고 햇볕에 말려 질식하게 하는 방법과 또는 우물 깊은 곳에 던져 뚜껑을 잠그고 죽이는 방법인데 썬다는 우물에 던져져 죽는 처형에 가해졌다고 합니다. 그래서 던져졌는데 그 우물에는 물은 없었고 다른 사람들의 시체만 있었다고 합니다.

그는 그곳에서 3일 동안 있으며 기도했는데 그때 천사가 나타나 그 잠겨 있는 열쇠를 열고 구출해 주었다고 합니다. 그리고 다시 복음을 전하다 잡혔는데 그 뚜껑을 열어준 사람을 찾았는데 결국 찾지 못했다고 합니다. 왜냐하면 그 열쇠는 재판관 한 사람만 가지고 있기 때문이었습니다. 결국 그는 그곳에서 추방을 당했지만 우물에서 구출 받은 것은 바로 천사의 도움이었던 것입니다.

또한 그가 티베트인과 히말라야 산맥을 넘다가 갑자기 닥친 한파로 인해 고생하고 있을 때 동상 걸린 사람이 넘어져 있는 것을 보고 그를 업고 넘었다고 합니다. 그러나 그 동료는 자기 혼자 살겠다고 갔는데 날씨가 얼마나 추었던지 혼자 살겠다고 간 사람은 결국 얼어 죽고 썬다와 등에 업힌 사람만 살았다고 합니다. 이 예화는 아주 유명한 예화입니다.

그는 또한 히말라야 카일라스산을 거쳐 티베트로 가게 되었는데 그가 만소르와르 호수가에서 다달았을때 호숫가 길목에 큰 돌 십자가상을 발견하게 됩니다. 그는 혹시 눈 덮인 골자기에 다른 십자가상이나 예수 믿는 자가 있을까 싶어 찾아 헤맵니다. 그러다 그만 발을 잘못 딛고 넘어져 정신을 잃게 됩니다. 그리고 눈을 떠서 보니 어느 신선 같은 사람이 자기 앞에서 하나님 앞에 기도하고 있는 것이었습니다.

그는 다름이 아니라 크리스찬이란 이름을 가진 대성사 즉 마하리시였는데 그는 17세기 초에 알렉산드리아에서 출생한 사람으로 젊어서는 이슬람교를 믿다가 성프란시스의 조카인 예르나우스의 전도를 받고 예수를 믿고 세례를 받았던 사람입니다. 그후 그는 75세까지 여러 나라를 다니며 전도합니다. 그러나 그 이후 썬다싱이 살아 있을 당시인 1900년대까지 카알라스산에서 209년을 묵상하며 세상을 위해 기도하며 살게 됩니다. 아마 지금까지 살아 있다면 300살이 넘었을 것입니다.

그는 각종 약초와 식물의 뿌리를 빻은 것을 음식으로 먹었다고 합니다. 썬다싱은 이것이 사실임을 증명하기 위해 1912년 처음 그를 만난 후 1916년과 1917년에도 만났다고 주장합니다. 그런데 그와 헤어질 때 그가 말하길 '앞으로 놀랄 만한 일이 일어날 것'이라 했다. 그 놀라운 일이란 썬다싱이 그와 헤어져 이제 그 목적지가 눈앞에 왔을 때 이미 날은 저물었고, 거기다 앞에는 강이 가로막혀 있는 것이었습니다. 그래서 낙담을 하고 있는데 반대편에서 어떤 사람이 모닥불을 쬐고 있는 것이었습니다. 그런데 그가 말하길 "걱정하지 마시오, 내가 도와 드리겠소."하고 그가 걸어와서 썬다싱을 꽃가마에 태운 후 강을 건네 주었습니다. 그래서 썬다싱이 고맙다고 인사를 하려고 뒤돌아 보니까 그는 사라지고 없었습니다. 뿐만 아니라 그곳에는 모닥불과 모닥불을 피운 흔적조차 없었습니다. 이것이 그가 말한 놀랄만한 일이었던 것입니다. 즉 천사가 그를 도왔던 것입니다.

성도 여러분! 이렇게 썬다싱도 여러 번에 걸쳐 천사를 만나 도움을 받았다고 그의 책에 나옵니다. 썬다싱을 도운 돕는 천사는 오늘 우리 곁에서도 우리를 돕고 있습니다.

9. 바울의 계시록이 발견된 동기

바울의 계시록은 고후12:2~4절에서 그가 3층천을 보았다는 내용에서 나온 것인데, 바울은 낙원을 갔다 온 후에 그 비밀을 문서로 남겨 놓았다고 합니다.

거룩한 사도 바울의 계시입니다. 바울은 세 번째 하늘에까지 올라 낙원으로 들어가 거기서 표현할 수 없는 말을 듣고 계시를 받았습니다. 테오도시우스 아우구스투스 2세와 치네지우스가 공동 집정관 시절인 주후 388년에 어떤 점잖은 사람이 예전에 살고 있던 타르수스에 있는 사도 바울 소유의 집에서 살고 있었습니다.

밤에 천사가 그 사람에게 나타나 계시를 주면서, 그 집의 기초를 파내어 거기서 발견된 것을 공개하라고 말했습니다. 그러나 그 사람은 망상이라고 여겼습니다. 그러자 천사는 세 번씩이나 나타나 책망하며 그 집의 기초를 파헤치라고 독촉했습니다. 파내었더니 대리석 상자가 나왔습니다.

그런데 그 곳에는 성 바울의 계시록과 하나님의 말씀을 가르칠 때 신었던 구두가 들어 있었고, 그 상자 옆에 글이 새겨져 있었습니다. 그 사람은 두려워 상자를 열지 못하고 재판관에게 가져갔습니다. 재판관이 그 상자를 받아서 관례에 따라 납으로 봉인을 한 뒤, 그 속에 다른 것이 들어 있을까 두려워 테오도시우스 황제에게 보냈습니다. 황제가 그 상자를 접수하여 열자, 성 바울의 계시록이 나왔습니다. 황제는 사본과 복사본을 하나 만든 다음, 원래의 필사본을 예루살렘으로 보냈습니다.

성도 여러분, 이렇게 바울의 계시록의 발견도 천사의 계시로 발견된 것입니다. 이렇게 천사는 우리를 돕고 있습니다.

10. 길에서 천사를 만난 어느 권사님

2016년 5월 26일, 대림동에 학원을 운영하시는 어느 권사님이 계시는데 학원을 개업 한 후 학원이 어려웠습니다.

어느 날 학원을 마치고 집으로 돌아가는 길인데 그 길은 일방통행 길이었습니다. 인도는 한쪽에만 있었는데 권사님은 그 길을 내려가는 길이었고, 한 사람은 맞은편에서 올라오는 길이어서 이 길은 반드시 마주쳐 스쳐 지나가게 되어 있었습니다. 권사님이 그분을 보니 그분은 기골이 장대했고, 이제까지 그렇게 큰 분을 한 번도 본적이 없는 거인이었다고 합니다.

그 분은 중년의 남자였는데 머리는 흰 머리와 검은 머리가 섞여 있었고, 얼굴은 온유했고, 눈썹은 짙었고, 눈에서는 빛이 났다고 합니다. 그런데 그분이 권사님을 스쳐 지나가면서 말하길 "참 좋은 엄마네요." 하고 지나가더라는 것이었습니다. 그래서 뒤돌아보았더니 흔적도 없이 사라졌다는 것입니다. 그분이 바로 천사였던 것입니다. 그 후 권사님의 학원은 원생이 많이 늘었고, 좋은 아이들이 왔다고 합니다.

성도 여러분, 이렇게 돕는 천사는 우리를 돕습니다.

11. 어느 목사님이 자신의 돕는 천사를 본 이야기

어느 여자 목사님이 자신을 돕는 천사를 보았는데 돕는 천사의 모습이 자신과 똑같이 생겼다고 저에게 말씀하셨습니다. 즉 자신과 쌍둥이처럼 생겼다고 했습니다. 이 목사님의 말씀에 의하면 자신의 집 현관문이 잠겨 있었는데 천사가 자기보다 앞서 가서 열쇠로 문을 열더라는 것이었습니다.

제 **3** 장

임종 전 천사를
본 사람들의 이야기

1. 헬렌이 죽기 전에 나타난 두 천사

사범학교에 다니고 있던 헬렌은 10세 때 아주 심한 감기에 걸렸고 그것이 심해져 결핵으로까지 번졌으며 그로 인해 그녀의 삶은 20세로 끝이 나고 말았습니다.

헬렌이 병을 앓고 있는 동안 그녀를 병문안했던 젊은 친구들은 후에 이야기하기를 "아무도 헬렌이 죽을 것 같다고 생각하지 않았어요. 헬렌은 마치 가장 즐거운 여행을 할 것처럼 이야기 했어요!"

다음날 헬렌이 이야기했습니다. "엄마! 엄마가 어젯밤 제 옆에서 앉아 계실 때 제가 잠자고 있었다고 생각하셨지요? 저는 잠자지 않았어요. 그리고 두 천사가 이 방에 왔었어요. 저 벽들이 천사들이 이 방안에 들어오는데 전혀 장애가 되지 않았어요.." 그때 그녀의 어머니는 한 손을 그녀의 이마에 대고 이야기했습니다. "헬렌 나는 네가 곧 천국에 갈 것 같구나, 두렵니?"

"절대 안 그래요. 작별 인사를 할 수 있도록 가족들을 불러 주세요." 하고 헬렌이 대답했습니다. 가족들이 헬렌 주

위에 모이자 그녀는 한 명 한 명에게 사랑의 작별을 고하고
는 그들에게 어린 양의 보혈로 자신이 천국에 갈 것이며 그
곳에서 만나 함께 즐거워할 것을 이야기했습니다. 가족들
이 그녀에게 찬송을 불러 줄까 하고 묻자, 그녀는 "제가 죽
을 때까지 불러 주세요. 제 영혼이 찬양하며 갈수 있도록
해 주세요"라고 대답했습니다. 그리고 그녀는 죽어 주님의
품에 안기었습니다.

성도 여러분! 이렇게 주님을 사랑하는 성도들에게는 천사
가 소천 전에 방문하는 것은 일반적인 현상입니다.

2. 94살 먹은 할머니가 돌아가실 때 있었던 일

케네스 해긴 목사님의 '신유에 관한 일곱 가지 원리'라는
책에 보면 이런 내용이 나옵니다. 우리가 예수를 주님으로
영접하듯이 예수님을 우리의 치료자와 의사로 영접하면 평
생 건강하게 장수하다 자녀들에게 죽을 것을 예언하고 잠
자듯이 죽은 내용이 나옵니다. 잠깐 그 내용을 소개해 드리
도록 하겠습니다. 아래 내용은 신유의 기적으로 94살까지
건강하게 살던 할머니와 손녀딸의 대화 내용입니다.

신유의 기적이 성경적이라는 것을 신유집회에 참석했던 손녀딸이 깨달았을 때 그 할머니는 이렇게 말했습니다. "할렐루야! 네가 그것을 깨달았다니 정말 기쁘구나", "할머니! 그게 무슨 뜻이에요?"하고 손녀딸이 묻자, 그녀는 이렇게 말했습니다. "40여 년 전 난 우리 감리교회에 신유에 관하여 설교하시는 분이 오셨는데, 그분은 우리가 앞으로 나와서 그리스도를 우리의 치료자와 의사로서 영접하라고 초청하였단다. 마치 우리가 주님을 구주로 영접할 때와 똑같이 말이다. 나도 다른 사람들과 함께 앞으로 나갔단다. 너도 이젠 지난 40여년을 기억할 만큼 나이도 들었는데, 지난 40년간 너는 내가 아픈 것을 본 적이 있느냐?", "어머, 아니에요. 우리는 그저 할머니는 매우 강한 체질의 소유자라고만 생각해 왔지요!", "아니란다." 할머니는 이어서 "나는 예수님을 나의 의사로 모셔 들였단다. 나는 40년간 아파본 적이 없었지! 이제 내 나이 93세인데 내가 아픈 곳이나 질병도 없이 본향으로 돌아가게 된다는 것을 아는 게 너희에겐 관심이 쏠리지 않니? 나는 내 평생에 단 하루도 아프지 않을 것이다."라고 말했습니다.

우리는 불쌍한 노인이 노망 들었다고 생각했으나 할머니

는 오히려 그 집회에 계속 나가라고 격려했습니다. 할머니는 94세까지 사셨습니다. 그녀는 날이 밝으면 남자들과 손자들은 들에 일하러 나가야 하므로 새벽에 다른 가족들과 함께 일어나곤 했습니다. 아침 식사를 하고 나서는 아침 식사 때 사용된 접시를 씻고 말리고 부엌청소를 하고 손녀딸은 그동안 침대를 정리하고 나머지 집안을 청소했습니다. 손녀딸이 바느질 하는 동안 할머니는 성경을 그녀에게 읽어 주셨습니다.

그녀는 기억하기를 "어느 날 아침 식탁에서 할머니는 자기가 오전 10시에 돌아가실 것이다."라고 말했습니다. 우리는 별 관심 없이 들었지만 제 남편은 들에 일하러 나가기 전에 "할머니가 아침에 뭐라 그랬지? 돌아가실 것이라고 생각하고 계신 모양이지?"하고 말했습니다. 우리는 할머니가 말씀하신 바를 이해하지 못했습니다.

할머니는 8명의 아이들과 어른 세 명의 아침 식사 그릇 설거지를 다 하신 후 부엌을 닦으신 후, 9시에 바느질 방에서 그녀의 손녀를 만나셨습니다. 그리고 그녀에게 성경을 읽어주기 시작했습니다. 그 손녀는 정확히 9시50분에 할머니는 내게 고개를 돌리더니 "내가 이것을 읽어 주마." 하시고는 요한계시록 20장과 21장을 읽으셨습니다. 약 10시쯤 두 장을 다 끝내시더니 "저기 예수님이 계시는구나, 이제 나는 가야만 한다! 안녕!"하시고 손을 흔들더니 의자에 앉으신 그대로 돌아가셨습니다. 오! 할렐루야, 우리는 너무나 많이 하나님을 값싸게 팔아버렸습니다.

여기서 보면 이 할머니는 94세까지 건강하게 사시다 돌아가실 때도 돌아가실 것을 예언하시고 소천하셨습니다. 성도 여러분, 우리도 예수님을 구주로 영접한 것 같이 치료자로 영접해 이 할머니와 같이 자녀들에게 죽음을 예언하고 소천합시다.

3. 병에 걸리지 않고 소천한 목사님

미국의 침례교 목사였으며 당시에 방언을 말했고, 성령치유를 설교하던 목사님인데 이 목사님이 죽기 바로 전에 있었던 일을 그의 딸을 통해 게네스 해긴 목사님이 들은 이야기입니다.

그의 딸이 사는 주에서 회의가 있었을 때 나는 그의 딸을 방문했습니다. 그 목사님은 93세였던 어느 날 아침 식탁에서 "내가 집으로 가야 할 시간이구나!"라고 딸에게 말했습니다. 그 목사님의 딸과 그분보다 상당히 젊었던 그의 아내는 그가 틀림없이 노망기가 들기 시작했고, 그가 현재 자기 집에 있다는 것을 깨닫지 못한다고 생각했습니다. 그의 딸이 이렇게 말했습니다. "엄마와 내가 설거지를 끝내고 거실로 갔어요. 아빠는 거기 의자에 앉아서 '내가 오늘 집에 간다고 너희들에게 말했었지! 저기에 예수님이 계시는구나. 잘 있어!'라고 말씀하셨어요" 흔들 의자에 앉아서 그분은 세상을 떠났습니다.

성도 여러분, 우리도 이 목사님과 같이 건강하게 살다가 주님의 부름을 받고 소천합시다.

4. 어떤 여자 성도가 죽기 전에 있었던 일

장경동 목사님이 주일 설교 가운데 말씀하신 내용인데 어느 목사님이 전도사 시절에 있었던 일이라 합니다. 그 전도사님이 어떤 암에 걸린 여자에게 전도를 했습니다. 의사는 그녀의 암 수술을 하려고 환부를 개복을 했는데 너무 많이 퍼져 그냥 다시 덮었다고 합니다. 그리고 병원에서 퇴원했는데 그때 마침 이 전도사님이 그 여자 분에게 전도를 했던 것입니다. "예수님을 믿으라"라고 전도하자! 그 여자는 "나는 교회를 못갑니다. 왜냐하면 내가 죄가 너무 많기 때문입니다."라고 했습니다.

그래서 전도사님이 "예수님이 당신의 모든 죄를 사해 주었다."고 말했더니 예수님을 믿기 시작했습니다. 그러더니 전도사님께 부탁하길 "나는 암으로 죽습니다. 그런데 만약 내가 죽는다는 소식이 전해지면 내 머리를 전도사님의 무릎 위에 놓고 찬송하고 기도하다 운명하게 해달라고 했습니다" 그리고 15일이 지난 후 아들이 와서 말하길 "어머니가 돌아가실 때가 되었다."고 했습니다. 그래서 전도사님은 달려가 그 여자의 머리를 들어 전도사님의 무릎에 얹었습니다.

그리고 "이 몸의 소망 무엔가 우리 주 예수뿐일세"하며 찬양하며 기도하는데 그때 마침 전도사님의 영안이 열렸습니다. 전도사님이 보니 하늘에서 천사가 내려와 사주경계를 서더니 한 천사는 오른팔에 세마포를 딱 걸쳐 놓고 대기하고 있더라는 것이었습니다. 그런데 천사는 재촉하지 않더라는 것이었습니다. 그런데 천사만 온 것이 아니라 지옥의 사자도 셋이 왔는데 한 놈은 삼지창 같은 것을 가지고 있었고, 한 놈은 회초리를 가지고 있었고, 한 놈은 철퇴 같은 것을 가지고 있더라는 것이었습니다. 이때 천사와 저승사자와 전쟁이 붙어 서로 데려가려고 했다고 합니다. 그때 저승사자가 말하길 "이런 년이 어떻게 천국에 가냐?"하며 "이년이 이런 죄도 짓고 저런 죄도 짓고"하더라는 것이었습니다. 그때 주님의 음성이 들려오길 "내가 이 사람의 죄를 다 용서해 주었다." 그러자 그 여자를 천사들이 천국으로 모시고 가더라는 것이었습니다.

성도 여러분, 신앙생활 잘 하시다 소천하시는 분들에게는 천사만 내려오지만 이 여자처럼 신앙생활을 잘 하지 못한 신자에게는 천사와 귀신이 같이 오는데 이때 본인이 예수님의 이름으로 귀신을 물리치든지 아니면 주위의 믿는 사람이나 아니면 자녀들이 축사를 대신해 주어야 합니다.

5. 어린 소녀가 죽기 전 천사를 본 이야기

예일대학에서 소아학을 가르치는 다이앤 콤프 교수의 말에 의하면 7살에 백혈병으로 죽어가는 소녀가 그 가족들을 위로해 준 내용입니다. 이 죽어가던 아이가 마지막 힘을 쥐어짜서 자리에 앉더니 말하는 것이었습니다. "엄마, 저 천사들 좀 보세요. 너무 아름다워요! 엄마, 저 천사들이 보여요? 어쩌면 저렇게 노래를 잘하죠? 저렇게 아름다운 노래는 들어본 적이 없어요." 그 말을 끝으로 그 아이는 죽었습니다.

성도 여러분, 이렇게 신앙생활 잘한 기독교인들에게는 죽기 전에 하나님이 천사를 보내주어 천사들의 받들임을 받고 소천합니다. 그러므로 우리도 주님을 사랑하며 신앙생활을 잘합시다.

6. 장경동 목사님의 어머니가 소천하시기 전에 있었던 일

2017년 3월 기독교 방송에서 장경동 목사님 설교를 들게 되었는데 장경동 목사님 어머니가 소천하시기 하루 전 아들 목사님께 말씀하시길 "나 내일 천국에 간다." 하시더라는 것입니다. 그래서 목사님이 "천국에 가신다는 말이 무슨 말씀이십니까? 오래 오래 사셔야지요"하고 말했더니. 목사님의 어머니께서 "아니 천사가 나를 받들러 왔으니 난 내일 천국에 간다."라고 말씀 하시더니 그 다음날 진짜 소천하셨다고 합니다.

성도 여러분, 예수님을 잘 믿는 성도들에게는 임종 전에 일반적으로 두 천사가 방문합니다. 그리고 그 두 천사의 도움을 받아 천국에 가는 것입니다. 우리도 장경동 목사님 어머니처럼 아름다운 신앙의 유산을 남기고 소천합시다.

7. 1886년 제이 비이 부인의 이야기

그녀가 오랫동안 병으로 앓고 있을 때 저는 그녀를 보려고 찾아갔습니다. 저는 그녀가 아주 극심한 두려움 속에 있는 것을 보았습니다. 그녀는 저를 알아보았습니다. 그리고 그녀는 제가 그곳에서 약 950미터 정도 떨어진 곳에 있는 제 아내를 데리러 혼자 가는 것을 꺼려했습니다.

그리고는 말하길 "마귀들이 제 방안에 있어요. 제 영혼을 지옥으로 끌고 가려고 준비하고 있어요!"라고 했습니다. "보세요. 그것들이 웃고 있어요!" 이것은 그녀를 침대에서 공포와 두려움으로 발작하게 만들었습니다. 제가 예수님께서 도와주시도록 그를 바라보게 했을 때 그녀는 대답했습니다. "소용없어요. 너무 늦었어요!"

성도 여러분, 이렇게 신앙생활을 잘못한 신자들에게는 죽기 전 귀신만 나타납니다. 그러므로 우리는 살아 있을 때 열심히 주님을 사랑하고 신앙생활 잘해 임종 전 천사가 나타나 천사의 도움을 받아 소천하고 아름다운 믿음의 유산을 남깁시다.

8. 장례식에 나타난 천사

제가 직접 장경동 목사님 설교 방송을 통해 들은 내용입니다. 열심히 신앙생활 하시던 장로님이 소천해서 마지막으로 교회에서 장례 예배를 드리는데 그 소천하신 장로님의 제수씨가 말하길 지금 천사가 와서 장로님의 영혼을 받아 가셨다고 했습니다. 그런데 그 제수씨는 당시 교회를 다니지 않았습니다.

성도 여러분, 신앙생활 잘한 성도들에게는 이렇게 장례식 때 천사가 나타나 돕습니다. 이 영안은 불신자가 천사를 보았기에 더 정확한 정보입니다.

9. 신세균 권사님으로부터 들은 이야기

우리 교회 신 권사님이 어느 날 저에게 말씀하시길 어느 80세 넘은 할머니가 이층에 있는 교회를 새벽마다 기어 올라가면서도 새벽예배를 드렸다고 합니다. 그러던 어느 날 그 할머니가 며느리에게 말하길 "내가 아무래도 고향에 갈 것 같다."라고 했습니다. 그러자 가족들은 어머니가 노망이 났다고 하자 그 할머니는 말하길 "내 옆 양쪽에 천사가 와서 내 어깨를 만지는 것을 보니 아무래도 천국에 갈 것 같다."고 하시고 다음날 소천하셨습니다.

성도 여러분, 신앙생활 잘한 성도들에게는 언제나 임종 전에 두 천사가 이렇게 나타나 영혼을 받들어 천국으로 인도합니다. 그러므로 우리도 신앙생활 잘해 죽기 전 천사의 나타남을 보고 후손들에게 아름다운 믿음의 유산을 남깁시다. 그런데 이렇게 죽을 때 멋지게 죽는 방법은 이 땅에서 주님을 사랑하면 됩니다.

10. 대전 순복음 교회 김석산 목사님의 어머니

대전에 가면 대전 순복음 교회 김석산 원로 목사님이 계신데 그분이 세미나 가운데 당신의 어머니 권사님에 대하여 말씀하셨습니다. 당신의 어머니는 평생 기도만 하시는 분이셨고, 특별히 목사님 교회 성도들을 위해 매일 기도하셨다고 합니다. 그러던 어느 날 목사님에게 말씀하시길 "목사님, 아무래도 내일 내가 죽을 것 같아."라고 하셨습니다. 왜 그러시냐고 물었더니 '당신의 옆에 천사가 와 있는 것이 보인다' 라는 것이었습니다. 그리고 다음날 목사님의 어머니는 소천하셨다고 합니다.

성도 여러분, 우리도 이렇게 멋지게 신앙생활해 아름다운 믿음의 유산을 남깁시다.

11. 지인 사모님의 아버지가 소천하실 때 있었던 일

2013년 9월 11일 수요일날, 제가 어느 지인 목사님과 사모님과 점심식사를 하게 되었는데 식사 도중 사모님이 당신의 아버지께서 소천하시기 전에 있었던 일을 간증했습니다. 그 간증을 듣고 바로 기록했습니다.

사모님 아버지는 열심히 새벽예배도 드리고 방언기도도 많이 하시며 신앙생활을 했습니다. 그러던 어느 날 사모님이 아버지 입에서 피가 나고 입술이 부르튼 것을 보았습니다. 그래서 아버지께 물었더니 아버지께서 "천사와 귀신이 내게 와서 내가 귀신을 물리치는 축사를 하느라고 입술이 마르고 부르트고 피가 났다."고 말씀하셨습니다. 사모님 아버지는 이렇게 귀신을 물리치고 잠시 후 소천하셨습니다.

성도 여러분, 우리가 죽기 전 귀신과 천사가 같이 오는 경우가 있습니다. 그럴 때는 사모님 아버지처럼 본인이 축사해서 귀신을 물리치든지 아니면 후손들이 예수님의 이름을 가지고 축사를 대신해 주어야 편안하게 소천하실 수 있습니다. 그러므로 후손의 역할이 중요합니다.

12. 케네스 해긴 목사님이 본 주님

케네스 해긴 목사님의 영이 에녹과 같이 빨려 들어가 먼저 죽은 여동생을 천국에서 만났는데 그 내용을 소개하면 다음과 같습니다.

내 유일한 여동생인 올레타가 55살에 암으로 죽게 되었습니다. 우리 집안사람들은 모두 그녀가 마지막 숨을 거두는 날 저녁, 그녀의 침대 곁에 모였습니다. 동생이 죽은 다음날 밤 한 시 반쯤에 나는 내 여동생의 영이 그녀의 몸을 떠나서 주님과 함께 있기 위해 하늘나라로 올라갔을 때 어떤 상태일까 하고 침대에 누워서 생각하고 있었습니다. 이때 갑자기 엘리베이터만한 크기의 밝은 황금빛이 하늘로부터 천정을 바로 뚫고 비쳤습니다. 그 빛이 내게 닿자마자 나의 영은 나의 몸을 떠났습니다. 마치 엘리베이터가 올라가듯 나는 그 빛줄기를 타고 하늘나라에 도달할 때까지 올라갔습니다.

그리고 해긴 목사님은 하늘에서 예수님과 동생이 이야기하는 소리를 들었습니다. 그리고 동생이 이 땅에 살고 있는 예수 믿지 않는 자신의 막내 아들인 켄에게 "내 아들에게 그는 결코 행복하지 못할 것이며 그가 자신의 삶을 주님께 드리기 전에는 인생에서 아무것도 잘되는 것이 없을 것이라고 전해 주세요"하는 부탁을 받고 전해 주기도 했습니다. 그리고 해긴 목사님은 그곳에서 주님도 만나고 계시도 받았습니다.

제 **4** 장

천사의 도움으로 병에서 치료 받은 사람들

1. 천사의 치료

로이 힉스 1세는 심한 교통사고를 당한 친척에게 큰 천사가 그 방안에 들어와서 양손을 환자의 얼굴에 얹는 행위를 두 번 반복한 후 살 가망이 없었던 사람이 살아났다고 말했습니다. 그런가 하면 천사가 나타나 고막이 손상된 귀에 손을 얹자 고막이 치료되기도 했고, 또 어떤 사람에게는 큰 천사가 나타나 천식으로 고생하는 사람의 가슴에 손을 얹자 가슴이 뜨거워지면서 천식이 사라지기도 했다고 했습니다.

성도 여러분! 이와 같이 돕는 천사는 여러 방편으로 우리를 돕되 때로는 치료로 돕기도 합니다.

2. 천사의 도움으로 예언 치료를 했던 목사님 이야기

1차 세계 대전부터 1960년대까지 윌리암 브랜햄 목사는 천사의 도움을 가장 많이 받은 "치유의 선지자"라고 알려졌습니다. 그는 말하길 "자신의 어깨 뒤에 한 천사가 서서 사람들의 삶에 대한 세부적인 사항들과 사건들을 말을 해 주었는데 그는 이 말을 그대로 전달해 주었다"고 합니다. 그래서 그의 예언은 예언을 부인하는 사람들도 부인하지 못할 정도로 정확했다고 합니다. 그의 치유 사역은 "천사가 직접 모든 사역에서 치유를 했다"고 합니다.

성도 여러분, 여러분의 돕는 천사들은 이렇게 예언으로 또는 치유로 돕기도 합니다.

3. 성령님의 사역과 천사의 사역의 구별법

성령님의 사역과 천사의 사역이 비슷해서 잘 구별이 안 되는데 구별하자면 천사의 사역은 어느 날 갑자기 어떤 것이 생각났는데 그대로 성취되었다면 이는 천사의 사역이고, 성령님의 사역은 천사의 사역과 같이 갑자기 떠오르는 것이 아니라 누군가에게서 도전을 받는다든가 하는 어떤 소스가 제공되어 달그림자 떠오르듯 서서히 떠올라 그 생각이 계속 난다면 이는 성령님의 사역입니다. 다시 말해 천사의 사역은 자극 없이 갑자기 생각나는 것을 말하고, 성령님의 사역은 반드시 어떤 자극에 의해 떠오르는 것을 말합니다.

4. 어느 목사님의 이야기

어느 목사님이 쓴 책을 메모해 놓았는데 그 내용을 보면 이렇습니다. 그 목사님은 말씀하시길 "우리가 예수님의 이름으로 선포하면 천사는 우리 말인지 하나님의 말인지 구별하지 못하고 선포한 대로 행한다."고 합니다.

그러므로 성도 여러분, 천사를 명령해 우리를 돕도록 합시다. 그러면 천사들은 우리가 예수님의 이름으로 명령하면 우리의 명령으로 인식하는 것이 아니라 예수님이 명령한 것으로 인식하고 행하니 천사를 명령해 질병에서 치료받고 문제도 해결 받읍시다.

5. 말기 암에서 천사의 도움으로 살아남

2017년 3월, 저의 지인 목사님이 잘 아는 권사님은 20년 전에 대장암 말기라서 죽을 줄 알고 임종예배까지 드렸습니다. 이 소식을 들은 성도들과 목사님은 울면서 권사님을 살려달라고 기도했습니다. 그런데 어느 날 이 권사님이 보니 천사가 와 있었는데 천사가 말하길 "내가 성도들과 목사님의 눈물의 기도가 무거워 너를 데려 갈 수가 없다."고 하면서 금향로에 눈물의 기도를 담아 올라가는 것이었습니다. 그래서 이 권사님은 '하나님이 나를 살려 주시려는구나' 하고 생각하고 믿었습니다.

그리고 예언하는 분들도 오셔서 말씀하시길 권사님이 얼마 살지 못하고 돌아가신다고 말했습니다. 당시에 이 권사님이 살 것이라 말한 사람은 한 명도 없었습니다. 그 후 그 권사님은 2년 동안 암으로 인해 정신을 잃고 산소 호흡기를 꽂고 중환자실에 입원했다 퇴원하기를 몇 번 반복했습니다.

이때 권사님이 정신을 차리고 내가 왜 산소 호흡기를 꽂고 있느냐 하며 빼버리고 퇴원했습니다. "내가 왜 산소 호흡기를 꽂고 있느냐, 하나님이 살려 주신다고 했는데."하며 산소 호흡기를 뺐다고 합니다. 주의 사람들과 친척들은 말하길 "왜 이렇게 별나게 하나님을 믿느냐?"고 조롱하기 까지 했습니다. 그러면서도 권사님은 말기 암 통증으로 인해 밥도 먹을 수 없었고 먹으면 토했습니다.

그러던 어느 날, 어느 지인분이 말하길 "권사님! 내가 염소탕을 대접할 테니 염소탕을 드셔 보라."고 했습니다. 권사님이 암이기에 지인들이 몸에 좋다는 것은 다 사주셨는데 권사님은 아무것도 드실 수가 없었습니다. 그런데 이상하게도 염소탕을 먹고는 토하지도 않았고, 또 몸이 잘 받아들여 결국 기운을 차리게 되어 지금까지 건강하게 고기도 잘 먹고 20년 동안 살아 계십니다.

성도 여러분, 중보기도는 주님이 말씀하신 것 같이 "두 세 사람이 내 이름으로 모인 곳에는 나도 그들 중에 있느니라(마18:20)." 하신 것 같이 기적을 창출하는 기도입니다. 결국 이 권사님은 많은 분들의 중보기도로 천사의 도움을 받아 살 수 있었습니다.

제 **5** 장

임사 체험으로
천사를 만난 사람들

1. 메리 네일 박사가 만난 천사

메리 네일 박사는 정형외과 의사입니다. 그녀는 병원일을 하면서 그녀의 남편 빌과 함께 야외 활동을 하러 나갔습니다. 1999년 그들이 떠난 모험에서 메리는 특별한 영적 체험을 하게 됩니다.

저는 카누타기를 매우 좋아했어요. 저희 둘 다 여행을 좋아하고 스페인어도 할 수 있어서 여러 나라들을 여행 다닐 때였어요. 이번에는 남편 생일에 맞춰 남편이 가고 싶은 곳을 선택했어요. 휴가 시즌에 맞춰서 카누를 타러 칠레를 가게 된 거죠.

일주일의 카누타기 여정 마지막 날, 빌은 등쪽에 심한 통증을 느꼈습니다. 맴버들은 카누를 타다가 험준한 강줄기 코스를 만나게 됩니다. 이곳은 폭포로 이어진 유명한 강줄기 코스였어요. 이 정도 물살은 숙련된 카누 선수들에게 도전해 볼 만한 코스라고 생각했어요. 물살이 엄청나게 빠르게 강해져 중심을 잃고 강바닥에 보트 앞부분이 완전히 부딪혔어요. 보트는 즉시 물속으로 완전히 잠겼어요. 물살의

압력과 힘이 엄청나서 제 몸이 보트 갑판에 완전히 깔리게 된 거예요. 손과 등을 전혀 움직일 수가 없었죠.

이 상황에서 그녀가 할 수 있는 일은 기도밖에 없었습니다. 그 순간 저는 "하나님의 뜻대로 되게 해달라"고 진심으로 기도했어요. 진심이었어요. 저를 구원해 달라고 기도하지 않았어요. 진심으로 주님의 뜻대로 하시라고 기도했어요. 그렇게 주님 뜻을 구한 바로 그 순간에 저는 엄청난 경험을 했는데요. 완전 생생하게 저를 안아주는 실제적인 어떤 힘이 느껴지는 거예요. 그리고 모든 것이 잘 될 거라는 100%의 확신과 평안이 임하더라구요. 살든지 죽든지 남편과 4명의 어린 자녀들은 안전할 것이라는 확고한 확신이 들었구요. 그리고 저를 안고 제게 힘주시는 분이 바로 예수님임을 알게 됐어요.

그때 맴버들은 메리를 찾기 위해 폭포 근처의 바위 밑을 뒤지기 시작합니다. 맴버들이 보트를 잡으려 했지만 물살이 너무 세서 제대로 나아갈 수가 없었어요. 저들이 저를 찾았을 때 저는 의학적으로 살아있을 수 있는 시간을 초과한 상태였어요. 제 몸이 보트 갑판에 완전히 깔려 있었고 무릎이 꺾여 있다는 것을 알았죠. 제가 정형외과 의사라 잘 알잖아요. 제 경골이 부서졌다는 생각이 들더군요. 그런데 아무 통증이 없는 거예요. 그래서 소리도 지르지 않았죠. 아무런 두려움도 고통도 없었어요. 제가 물속에 너무나 오래 있었기 때문에 의학적으로 살 가망은 제로였어요. 그런데 신기하게 살아있을 때보다 더 생생하게 제가 살아있는 거예요. 제가 겪었던 어떤 경험보다 이건 정말 생생한 체험이었어요. 제 몸이 보트에 부딪혔을 때 제 몸에서 영혼이 빠져 나가는 게 느껴졌어요. 저는 일어나서 강 밖으로 나왔어요.

메리는 강을 내려다보았고 그녀의 몸을 떠났습니다. 그리고 그녀를 만나러 곁에 온 여러 명의 천사들을 보게 됩니다. 천사들은 저와의 만남을 진심으로 기뻐하고 있었어요. 그들은 저를 처음부터 알고 있었고 저를 사랑해주는 존재들이었어요. 저 또한 그들을 이미 알고 있었고 사랑하는 존재라는 게 알아지는 거예요. 그 천사들은 하나님이 보낸 천사들이었어요. 그들이 저를 데리고 간 곳은 너무나 아름다워 말로는 설명할 수도 표현할 수도 없어요. 그들이 저를 돔형처럼 생긴 구조물이 있는 곳으로 데려갔는데 그곳은 하나님의 사랑으로 넘쳐나는 아름다운 미의 결정체였어요. 세상 그 어떤 것과 비교할 수 없었고 어떻게 표현할 수가 없었어요. 마침내 내가 본향 집에 왔구나 알아지면서 어서 빨리 천국집에 가고 싶어 견딜 수가 없는 거에요. 그런데 저를 안내했던 천사들이 제게 이렇게 말했을 때 실망감이 들더라구요. "지금은 당신이 올 때가 아닙니다. 아직 땅에 내려가서 할 일이 있습니다."

저는 제 몸으로 다시 돌아가야 했어요. 그녀의 영혼은 천사들의 안내를 받으며 그녀의 몸으로 다시 돌아왔습니다. 네일 박사의 영혼은 강가로 돌아왔고 친구들이 그녀의 시신을 꺼내는 모습을 지켜보았습니다. 저는 제 몸이 강가로 끌려져 올라오는 것을 봤어요. 친구들이 응급호흡을 하고 있었어요. 숨이 돌아오게 하려고 간절하게 소리치고 있었어요. 제 영혼은 제 육체에 누웠고 남미의 외딴 곳에서 그렇게 제 몸과 하나가 되었습니다.

네일 박사는 최소 15분에서 최장 25분간 숨이 멎은 상태로 있었습니다. 이 시간은 과학적으로는 설명할 수 없는 생존 시간입니다. 사고 후 박사는 미국으로 돌아가서 천천히 회복되었습니다. 그녀는 자서진 '천국에서 돌아오다' 책에 하나님 사랑의 실체에 대하여 영원한 삶에 대하여, 그리고 하나님의 신실하신 약속에 대하여 이야기하고 있습니다. 그녀는 하나님은 정말 우리 한 명 한 명을 너무나 사랑하시고, 우리의 삶속에서 우리를 위해 일하고 계세요. 주님의 사랑은 전부에요. 그 사랑을 받아들이면 삶을 바라보는 관점과 우리의 삶 자체가 변화되요. 죽음 후의 삶은 정말 실제 상황인데, 이 사실을 알게 되면 삶을 대하는 방식 자체가 완전히 바뀌게 되요.

성도 여러분, 하나님은 이렇게 위경에서 천사를 복병으로 준비해 놓으셨다가 도와주시는 분이십니다.

2. 박용규 목사님이 만난 천사

박용규 목사님은 1938년 6월 3일 황해도 웅진군에서 출생하여 총회신학과 대학원과 고려대학교 경영대학원을 졸업했습니다. 성남 제일교회를 창립해 18년 목회를 통해 성도들을 5.000명으로 부흥시켰고, 송림중·고등학교 교장과 이사장을 역임했습니다. 총회 신학대원 이사이며 신학학사이며 '저 높은 곳을 향하여' 외 57권의 책을 저술했습니다.

나의 아버지는 황해도 해주 부자였습니다. 전 재산을 팔
아 1.4후퇴 때 월남하였으나, 아버지 품에 든 돈을 뺏으려
고 인천 모 고등학교 체육 선생이 아버지를 죽였습니다. 그
때부터 어머니와 나는 고아원에서 생활하며 형극의 가시밭
길을 걸어 성남제일교회를 세운 목사가 되었습니다. '저 높
은 곳을 향하여'라는 책이 수십만 권 팔려 그 돈으로 성남
에 중·고등학교 셋을 설립하고, 교회도 성도가 5,000명 이
상 모이는 교회로 부흥시켰습니다.

박정희 대통령이 문교부장관 추천을 하였고, 김영삼 전
대통령이 성남에서 국회의원 출마하라고 할 정도였으니 교
만할대로 교만한 내 영혼을 보시고, 하나님은 저주의 채찍
을 내리치셨습니다. 그때가 1987년 12월 19일 오후 2시
반, 고혈압으로 쓰려져 의식을 잃었으며, 내 몸은 구운 오
징어 같이 뒤틀려 저주받은 몸 그 자체가 되었습니다. 병원
에서도 살 가망이 없다고 하여 10일만에 퇴원해 가족들에
게 가슴을 도려내는 아픔을 주면서도, 나는 의식을 찾지 못
했습니다. 하나님은 나의 교만이 그렇게도 미웠는가 봅니

다. 그러기에 눈 뜨고는 볼 수 없는 흉측한 모습으로 죽어갔던 것입니다. 1987년 12월 30일 10시경, 나는 가족들 눈에는 죽은 시체가 되어 딸아이들은 임종 찬송을 부르고 아들은 졸도하였으니, 그것은 내 몸이 얼음장같이 차고 심장 고동소리가 멈췄기 때문이었습니다.

그러나 그때 나는 그 시간에 꿈을 꾸듯 두 천사의 방문을 받았습니다. 병들어 꼬부라진 내게, 연한 녹두색 통옷으로 손과 발까지 가리고 나타난 두 천사는 눈에서는 불빛이 나와서 나를 압도하였습니다. 오른편 천사는 주님 곁에서 심부름 한다고 하고, 왼편 천사는 내가 태어날 때부터 날 보호한 천사라 했습니다. 그들이 온 목적은 예수님의 부르심이 계시기 때문이라 했습니다. 나에게 천국과 지옥을 보여서 세상 사람들에게 알리게 하여 지옥 오는 수를 줄이고 천국 갈 자를 더 많게 하시려는 예수님의 뜻이라 했습니다. 나는 그들에게 병든 몸으로는 갈 수 없으니, 고쳐서 데려가라 해도 듣는 체도 않고 내 옷을 벗기고, 천국에서 가져온 통옷을 입히자 내 몸이 공중에 뜨려고 하니 두 천사가 내 양쪽 어깨와 팔을 잡자, 번개 같이 하늘로 솟아올랐습니다. 한 2분 정도 올라가니 지구가 축구공만하게 보였습니다.

그리고 우리 일행은 북극에 도달했고 그곳에서부터 천국 가는 황금길이 훤히 열려 그 위에 날 내려놓자 저절로 천국을 향해 갔습니다. 앞을 보니 수많은 흰옷 입은 무리들이 가고 있어 천사에게 물으니 그들은 땅에서 예수 믿고, 하나님 잘 섬기며 충성하다가 죽어 육체를 벗고 가는 영혼들이라 했습니다. 수많은 별들을 지나서 가는데, 천국별이 보였고 빛은 햇빛과는 달리 거룩하고 신비로운 빛이 났습니다. 천사가 찬송을 불러야 천국 문이 열린다고 하며 찬송을 가르쳐 주어서 3절까지 부르니 금새 천국 남쪽 문을 통과하였습니다.

천국에 들어서자마자, "땅의 사람, 박용규 목사야! 먼 길 오느라고 수고 많이 했구나." 땅이 울리듯 예수님의 음성을 듣자마자 꿇어 엎드려 통곡을 하며 인사를 올렸습니다. "예수님, 꿈에도 그리운 예수님! 이 죄인이 왔습니다. 죗값으로 저주받아 병든 몸으로 왔습니다. 용서해 주소서!" 너무나 통곡을 하니 옆에 섰던 천사가 "그쳐라!" 하며 소리치기에 울음을 그치고, 예수님 모습 한 번만 보고 싶다고 했더니, 예수님이 음성으로 말씀하기를 "땅의 사람, 박용규 목사야! 너는 여기서 하나님과 나 예수와 보좌를 보려 하지

마라. 네가 다시 땅에 내려가서 일 많이 하고 구원받아 올라오면, 그때 나를 볼 수 있을 것이다. 두 천사의 안내를 받아 천국, 지옥을 마음껏 구경한 후 땅에 내려가서 열심히 전하라. 그리고 구원받아 천국에 올 때까지 양로원을 만들어, 목회자 50명을 잘 보살피면 현재보다 20배의 상을 주신다.”고 하셨습니다.

성도 여러분, 이렇게 천사의 도움으로 박 목사님은 천국과 지옥을 보았습니다. 박 목사님도 역시 두 천사가 왔다고 하였습니다.

3. 교통사고를 통해 예수님을 본 사람의 이야기

“앰불런스 안에서 사람들이 제 몸에 달려들어 뭔가 일을 하고 있었는데 정작 저는 한쪽 귀퉁이에서 그 광경을 내려다보고 있는 거예요. 한사람은 온통 피범벅이 되어서는 제 배를 주먹으로 누르면서 지혈을 하려고 애를 쓰고 있었어요. 또 한 여자는 제 가슴을 열심히 누르고 있었구요. 하지만 저는 몸 바깥에 있었습니다.

그리고 어떤 흑암 속을 빠르게 지나가고 있었는데 큰 빛이 저한테로 다가오는 거예요. 정말 환한 빛이었습니다. 그리고 그 빛은 제가 행한 선악을 죄다 알고 있더군요. 제 동생이 거기 있었습니다. 저보다 2살 어렸는데 이상하게도 충돌 사고로 입은 상처가 하나도 보이질 않는 거예요. 제 어머니도 살아 계셨어요. 사고 당시 입고 있던 옷을 그대로 입고 계시더군요. 어머니는 제 어깨에 팔을 두르고 마침내 우리 셋은 함께 어느 아름다운 초장으로 걸어 들어갔습니다.

　그런데 갑자기 바위벽이 나타났어요. 1미터를 넘지 않는 높이였는데도 이상하게 그걸 넘어 갈 수가 없더군요. 그 바위벽 건너편에 십자가에 달린 이가 계셨고 그분이 저한테 뭐라고 말씀을 하셨어요. 그런데 저는 그 분한테 다가갈 수가 없었습니다. 어느 순간 복부의 통증이 되살아나면서 다시 여기로 돌아왔어요."

　성도 여러분, 이와 같이 기독교인들이 체험한 내세에는 진짜 빛인 예수님을 본다는 것입니다.

4. 교통사고를 통해 주님을 만난 해군 부참모총장

1970년대 후반 미국 해군 부참모 총장 제임스 존슨이 워싱턴 시내에서 신호를 기다리다 교통사고를 당해 잠깐 죽었다가 살아난 이야기입니다. 어느 순간 존슨 부참모총장은 자신이 해처럼 밝은 빛을 향해 날아가고 있다는 사실을 깨달았습니다. 밑에는 사고 현상이 보였습니다. 운전석에 끼인 자신의 몸을 보니 다시 그 몸으로 돌아가고 싶은 마음이 싹 가실 정도였다고 합니다.

나는 눈부신 속도로 어두운 터널을 지나 그 빛을 향해 다가갔습니다. 이내 그 빛이 그리스도임을 깨달았습니다. 빛 안으로 들어서자 천상의 도시가 나타났습니다. 마치 공중에 떠 있는 성 같았습니다. 황금의 거리에서 눈부신 빛이 번쩍거렸습니다. 도시 전체가 환하게 빛나고 있었습니다. 나는 내가 천국에 와 있다는 사실을 알았습니다.

그때 몇 년 전에 죽은 내 아들 켄이 나타났습니다. 아들은 눈부신 흰옷을 입고 있었습니다. 장인도 나타났습니다. 그 특유의 미소를 가득 담고 나타난 장인은 원래 눈을 가늘게 뜨는 버릇이 있었는데 여전했습니다. 그 익숙한 얼굴 표정으로 장인이 말했습니다. "이제 다 괜찮으니 돌아가! 돌아가! 돌아가!" 내 부모도 나타나셔서 돌아가라는 합창에 동참했습니다. 어머니는 빛을 가리키며 물으셨습니다. "저분을 뵈었느냐?" 나는 한껏 경외심을 품고 대답했습니다. "네." 그 공간으로 흐르는 사랑과 전적인 평화에 이미 흠뻑 젖어 있던 터라 정말 돌아가기 싫었습니다. 그러나 나는 그래야 한다는 사실을 알고 있었습니다. 아직 거기 올 때가 되지 않았던 것입니다. 문득 사고현장이 보였습니다. 동시에 어마어마한 중량을 느꼈습니다. 마치 쇳덩어리를 내 몸에 올려놓은 것 같은 압박감이었습니다. 내가 다시 내 몸으로 들어가기 시작하면서 고통이 되살아나기 시작했습니다.

성도 여러분, 이렇게 믿는 분들이 잠시 임사체험을 할 때는 언제나 빛 되신 주님을 만나게 됩니다.

5. 영혼은 있습니다

1988년 미국의 플로리다 탐파주에서는 길을 걷던 행인이 어떤 사람의 장례식장을 지나가다 힐끗 본 장례식장 안이 텅 비어있다는 사실을 알고 자기도 모르게 장례식장을 걸어 들어갑니다.

상체가 보이게 되어있는 관 속에는 곱상한 여인이 누워 있었고, 젊은 나이에 목숨을 잃은 여인을 불쌍하게 여긴 행인은 비어있던 의자에 앉아 잠시 여인을 위해 묵념을 한 뒤 일어섰습니다.

순간 '고마와요'라는 말을 듣게 된 행인은 주위를 둘러봤으나 아무도 없었고, 여인의 관을 다시 본 그는 여인의 얼굴에 미소가 있다는 사실을 발견한 뒤 의아해 했습니다.

뒤로 돌아 장례식장을 나가려던 행인은 문 앞에서 있던 어느 노인의 모습을 보게 되었습니다. 노인은 자신이 혼자서 키운 손녀가 외롭게 살고 있던 자신을 떠나 다른 사람을 만날까봐 어려서부터 친구들을 사귀지 않게 교육을 시켰다는 말을 하였으며, 그는 손녀딸에게 마지막 인사를 할 수 있는 사람이 자신밖에 없을 줄 알고 속으로 상심을 하였다는 말을 하였습니다.

젊은이에게 고맙다는 말을 하며 작은 봉투를 전달한 노인은 손녀의 관 옆으로 다가갔습니다. 집에 돌아와 봉투를 열어본 젊은이는 봉투 속에 15만 달러의 수표와 '내 손녀를 위해 준비한 상속이었네' 라고 쓰여 있는 메모를 보았습니다.

순간 자신이 이 돈을 가지는 게 도리가 아니라고 생각한 젊은이는 수표에 쓰여 있는 주소를 찾아가 노인을 만나려고 했지만, 노인의 집사에게서 노인이 전날 손녀의 장례식에서 심장마비로 사망을 하였다는 소식을 들었습니다.

후에 자신에게 고맙다는 말을 한 사람이 죽은 손녀의 영혼일 수가 있다는 생각을 한 젊은이는 손녀가 자신의 할아버지와 사후세계로 함께 가기 위해 자신의 장례식장에서 대기하고 있었다는 생각을 한 뒤, 자신의 경험을 플로리다 주의 신문사가 주최한 수기대회에 응모한 뒤 5만 달러의 상금을 탔습니다.

6. 임사 체험에서 천사를 만났다

콜로라도 몬트로즈의 임상 심리학자인 필립 스위스트 박사가 노상에서 강도를 만나 초주검이 되도록 맞고 수술을 기다리며 체험한 내용입니다.

정말이지 믿을 수 없는 체험이었습니다. 지금까지도 그 모든 것이 생생하게 떠오릅니다. 아마 일초의 몇 분지 일도 안 되는 짧은 순간에 발생한 일이겠지만 그 세세한 부분까지 분명하게 기억나는 체험입니다. 내 일생이 필름처럼 주루룩 흘러가는 것을 보고 있는 동안 어떤 힘이 방안에 나타나 있는 것을 느낄 수는 있었으나, 형상은 보이지 않았습니다.

다음 순간 나는 어둠 속에 떨어져 있었습니다. 큰 동굴 안 같이 느껴지는 곳이었습니다. 어마어마하게 큰 장소 같은데 칠흑 같이 어두웠으므로 나는 아무것도 볼 수가 없었습니다. 그러나 아까 방안에서 느꼈던 힘이 거기에도 있음을 알 수 있었습니다. 나는 그 힘을 향해 내가 누구고, 당신은 누군지를 물었습니다. 그러자 어떤 의사소통이 이루어지는데 그것은 말을 통한 것이 아니라 일종의 에너지의 물결을 통해서였습니다.

그 힘은 자기가 죽음의 천사라고 대답했습니다. 나는 그 대답을 사실로 받아 들였습니다. 죽음의 천사는 계속해서 내가 인생을 제대로 살고 있지 않다고 말했습니다. 그리고 지금 이대로 나를 끌고 갈 수도 있지만 다시 기회를 주니 돌아가라는 것이었습니다.

내가 기억하는 다음 순간은 회복실에 있는 내 몸으로 돌아와 있다는 것이었습니다. 이 체험을 하는 동안 내가 어떤 종류의 몸을 입고 있었는지 또 시간은 얼마나 흘렀는지 알 수 없지만 체험 자체는 너무도 분명한 실재였습니다.

7. 죽는 순간 고통은 있을까 없을까?

죽었다 살아난 사람들의 말을 들어보면 죽음의 순간에는 고통스럽지 않다고 한결같이 말합니다. 저 오흥복 목사도 한번 물에 빠져 죽었다가 살아났는데 역시 고통을 느끼지 못했습니다. 전혀 고통이 없습니다. 숨이 막힌다거나 갑갑

한 것도 없다고 합니다. "그냥 스스로 까무러치는 것 같아요"라고 말하는 사람들도 있습니다. 또 혹자는 "마치 잠깐 숨을 멈추는 같은 정도"라고 말합니다. 또 다른 혹자는 "수술 받을 때 마취하는 것과 비슷하다"라고 말하기도 합니다.

성도 여러분, 죽기 전에 질병에 대한 통증 때문에 고통을 당하는 경우는 있어도 마지막 죽는 순간에는 어떠한 고통도 없습니다. 왜냐하면 영혼이 빠져나가기에 영혼이 빠져나가지 전에만 고통스럽지 막상 우리 육체에서 영혼이 빠져 나갈때는 어떤 고통도 없습니다. 그러므로 죽음을 두려워 하지 마시기 바랍니다. 죽음은 우리 믿는 자들에게 있어서는 새로운 집으로 이사하는 것입니다.

제 6 장

천사로부터 경제적
도움을 받은 사람들

1. 경제를 돕는 천사 이야기

모리스 선교사라는 분이 계십니다. 그분이 한번은 빌 4:19절의 "나의 하나님이 그리스도 예수 안에서 영광 가운데 그 풍성한 대로 너희 모든 쓸 것을 채우시리라"라는 말씀을 고백하고, 천사에게 필요했던 재정을 채우도록 도움을 명령했다고 합니다. 그랬더니 진짜 며칠이 지나지 않아 필요한 재정이 채워졌다고 합니다.

또한 어떤 사모님은 예수님의 이름을 가지고 경제를 담당하는 천사에게 냉장고를 채우도록 도움을 명령했습니다. 그랬더니 그때부터 냉장고가 가득 차기 시작습니다. 이렇게 경제를 돕는 천사도 있습니다.

저도 역시 하루는 500만 원이 필요했습니다. 그래서 경제를 담당하는 천사에게 도움을 명령했습니다. 그랬더니 진짜 그날 500만 원이 왔습니다. 그런데 여기서 우리가 알아야 할 것이 하나 있습니다. 그것은 천사는 바보가 아니라는 사실입니다. 왜냐하면 우리가 아무리 예수님의 이름으로 천사에게 도움을 명령한다고 해도 우리가 사건을 만들어 물꼬를 열지 않으면 천사는 물질 문제를 해결할 능력이 없습니다. 그런데 우리는 천사에게 도움만 명령하지 사건을 만들어 물꼬는 열려하지 않습니다. 천사는 우리가 물꼬를 열지 않고, 명령을 하면 아무리 우리를 돕고 싶어도 돕지를 못합니다.

그러므로 우리가 천사에게 도움을 명령하기 전 할 일이 있는데 그것은 하나님께 지혜를 구한 후 사건을 만들고, 물꼬를 열어놓고 천사에게 도움을 명령해야 한다는 사실입니다. 그런데 만약 이렇게 사건을 만들어 놓지 않고 천사에게 도움을 명령한다면 이는 바로 천사를 무시하는 처사입니다. 그러므로 사건을 만들어 놓고 천사에게 도움을 명령하면 그대로 됩니다.

2. 케네스 해긴에게 메시지를 전해준 천사

해긴 목사를 돕는 천사가 그에게 말하길 "내가(천사) 이미 사역하는 천사들에게 너를(해긴) 위한 돈을 가져다주도록 보냈노라"고 말했습니다. 그리고 그 천사는 특정 기간 안에 사무실을 세우기 위해 해긴 목사가 받게 될 그 돈의 특정

액수가 몇 천 달라인 것까지 말해 주었습니다. 그리고 그 말한 대로 돈이 왔다고 합니다.

3. 어느 목사님의 이상한 천사 체험기

몇 10여년 전의 일입니다. 크게 사업을 한다는 사람이 교회에 등록을 했습니다. "목사님, 꿈이 무엇입니까?", "세계 선교의 일익을 담당하고 싶습니다. 또 교회 청소년을 지도할 전문가를 양성하는 일을 하고 싶습니다". "그 일을 위해 미력하나마 제가 힘껏 돕겠습니다. 제가 우선 5억 원의 건축 헌금을 작정하겠습니다."

그때 나는 그를 하나님이 나의 사역을 돕기 위해 보낸 천사라고 생각했습니다. 그후 그는 나에게 돈을 빌려 달라고 했습니다. 미국으로 수출한 물품 대금을 받기 위한 조처로 돈이 필요하다는 것이었습니다. 몇 차례 힘을 다해 도왔습니다. 그는 작정한 5억 원 중 단돈 10만 원도 헌금하지 않았습니다. 속은 것이었습니다.

그러나 그가 5억 원의 헌금을 작정한 일로 우리 교회는 힘을 얻어 기도하면서 일을 추진해 지금 그 일이 이뤄졌습니다. 새 성전이 건축되었고, 나는 한국교회 청소년지도자를 양성하는데 작은 소명을 감당하고 있습니다. 하나님이 하시는 일에 감사할 뿐입니다.

4. 꿈에서 천사의 도움을 받았습니다

2002년 9월27일 금요일 새벽에 꿈을 꾸었습니다. 너무 생생하고 감격스러운 꿈이라 꿈을 꾼 후 바로 일어나 그 내용을 시간이 지나면 잃어버릴 것 같아 기록으로 남겼습니다. 제가 어떤 상황에 놓여 나무 꼭대기에 서있게 되었습니다. 그런데 그 나무는 땅 끝이 보이지 않을 정도로 높은 큰 아름드리나무인데 100미터 이상이 되는 나무였습니다. 그런데 그 나무는 잔가지는 없었고 꼭대기에 큰 가지가 브이자 모양으로 두 개 있었고, 가운데는 아주 굵은 밑동이 땅 끝까지 연결되어 있었습니다. 그런데 어떤 일로 인해 제가 그 높은 곳에 올라가 있었는데 브이자 가지의 가운데 있는 것이 아니라 브이자 가지의 우편 끝에 서있게 되었습니다.

그리고 그 나무는 눈을 맞아 브이자 가지에는 눈이 쌓

여 미끄러웠고, 브이자 왼편 가지 끝에는 나일론 끈 두 줄
이 묶어져 있었는데 그 끈의 길이는 땅까지는 닿지 못하는
길이었으며 만약 매달리면 궁중에 대롱대롱 매달릴 정도
의 길이를 가진 끈이었습니다. 그런데 만약 이 끈을 의지해
서 제가 뛰어 내린다면 제 체중을 감당하지 못하고 끊어질
수밖에 없는 그런 끈이었습니다. 결국 나무 위에 있는 저는
이러지도 못하고 저러지도 못하는 신세가 되었습니다.

왜냐하면 브이자 가지 밑의 안전한 곳으로 끈을 의지해
서 내려가자니 끈이 끊어질 것 같았고 또한 나무에 눈이 쌓
여 있어 미끄러워 내려가면 틀림없이 밑으로 떨어질 것 같
았고 떨어지면 그 끈이 감당하지 못해 결국 죽을 것이 자명
했습니다. 결국 이러지도 못하고 저러지도 못하고 저는 그
위험한 브이자 가지 오른쪽 끝에서 기다리는 수밖에 없었
습니다. 그렇게 마냥 기다리고 있는데 눈이 또 오기 시작해
이제 저의 처지는 내려갈 수도 없고, 그냥 있을 수도 없는
그런 형국이 되었습니다.

그래도 어떻게 해서라도 이 난국을 헤쳐 나갈 방안을 생
각하며 기다리는 순간 바람에 의해서인지 아니면 나무가

미끄러워서인지 그만 끈도 놓치고 그 높은 가지에서 제가 떨어지게 되었습니다. 떨어지는 순간 저는 생각했습니다. "이제 죽는구나" 그런데 그때 기적이 일어났습니다. 제가 떨어지는 순간 누군가가 제 뒤에서 나의 양쪽 겨드랑이 밑에 손을 넣고 제가 안전하게 떨어지게 받쳐 드는 것이었습니다. 그런데 그 받쳐 든 사람이 누구냐면 바로 천사라는 것이었습니다. 즉 떨어지는 순간 제가 죽지 못하게 나를 흰옷 입은 천사가 뒤에서 받치고 있었던 것입니다. 제가 그들이 천사인 것을 안 것은 자동적으로 알게 되었고, 그 천사의 모습은 몸통과 양팔만 보였고 얼굴은 보이지 않았습니다. 왜냐하면 뒤에서 저를 받쳐 들었기 때문이었습니다. 그런데 그 모습은 사람의 모습에 긴 흰옷을 입고 있었다는 것이며 저보다 키가 컸다는 것을 직감으로 알 수 있었습니다.

그런데 그 천사는 저를 뒤에서 받쳐 그 높은 나무에서 떨어질 때 천천히 땅 30센티 높이 전까지 안전하게 내려오게 했습니다. 그렇게 내려오자 그 나무 밑에 많은 사람들이 왕래하고 있었습니다. 지금 생각하니 그 나무 밑은 마치 도시한 가운데 보도 볼록이 깔려있는 인도 위였습니다. 정확하게 말하면 대전의 동양백화점 앞이었습니다. 그렇게 무사히 내려와 땅 위 30센티까지 다다르자 천사가 저에게 말하길 "그냥 높은 데서 떨어졌는데 무사하면 사람들이 이상하게 생각할 수 있으니까 표시만 내자" 하더니 어떤 줄로 나의 목을 살짝 매는 것이었습니다. 그런데 저는 어떤 고통이나 상처 같은 것이 없었고 또한 제 발 끝이 이제 거의 땅에 닿았기에 아무 이상이 없었습니다. 제가 내려오자 두 사람이 나를 받쳐들었고 목에 매인 줄도 풀어주었고 무사히 땅까지 내려올 수 있었습니다. 아마 사람들 눈에는 제가 목 매달아 자살하려는 사람으로 보였을 것입니다. 왜냐하면 그들 눈에는 천사가 보이지 않았기 때문입니다. 하나님은 벼랑 끝에서 돕는 분이라는 말이 있는 것 같이 하나님은 벼랑 끝에서 천사를 통해 저를 도우셨습니다.

〈흐레마 성경 공부 오흥복 목사의 저서 시리즈〉

이렇게 기도했더니 영안이 열렸다

성도들의 초미의 관심사는 아마 방언을 말하고, 영안(환상)이 열리고, 예언을 하고, 통역을 하는 것이 아닐까 합니다. 이런 분들에게 이 책이 아마 큰 도움이 될 것입니다. 왜냐하면 이 책에서는 환상을 보는 방법과 성령의 불을 받는 방법이 기록되어 있기 때문입니다. 단언컨대 이렇게 영안이 열리는 방법과 성령의 불을 받는 방법을 기록한 책은 국내에서 이 책이 유일하다고 봅니다.   (가격 11,500원)

암 병 이 치료된 사람들의 이야기

부자가 되는 방법은 부자들이 했던 방법을 그대로 흉내내서 하면 되는 것 같이 불치병에서 치료 받는 방법도 역시 그들이 했던 기도의 방법을 그대로 따라하면 됩니다. 이 책에서는 바로 그들이 기도했던 기도의 방법을 그대로 다루고 있습니다.
                                    (가격 11,500원)

천사를 만난 사람들의 이야기

이 책은 일상생활 가운데서 천사를 만난 사람들의 이야기와 위경에 처했을 때 천사의 도움을 받은 실제적인 이야기가 나오는데 특별히 임종에 처한 성도들의 이야기를 들어보면 예수님을 잘 믿은 성도들은 언제나 돕는 천사 둘이 나타나고, 신앙생활을 잘못한 신자들에게는 언제나 천사들과 죽음의 사자가 같이 나타남을 알 수 있습니다.   (가격 12,000원)

본질을 찾아서

어거스틴이 쓴 책 중 "신앙 핸드북"이란 책이 있는데 이는 우리가 신앙생활하며 궁금해 했던 성경 내용들을 요약해 기록한 책인데 저의 이 책이 바로 그런 역할을 하게 될 것입니다. 우리가 신앙생활하며 궁금해 했던 성경말씀들이 많이 있을 것인데 그 내용을 제가 36년 동안 성령의 안경을 쓰고 추적한 결과 그 해답을 찾아 정리해 놓은 책이 바로 이 책입니다.

(가격 6,000원)

예수님이 보신 성경 70인역 창세기 번역본

우리는 예수님과 제자들이 맛소라 사본인 우리가 보는 구약 성경을 보신 줄 아는데 그렇지 않습니다. 당시 예수님과 12 제자들과 바울과 스테반과 어거스틴과 요세푸스는 구약 헬라어 성경 70인 역을 보았습니다. 그러나 안타깝게도 우리나라에 이 70인 역 성경이 번역되지 않아 부족하지만 번역하게 되었습니다. 한번 구매해 읽어 보시면 깜짝 놀랄만한 소식을 접하게 될 것입니다. (가격 18,000원)

헬라어적 관점과 역사론적 관점과 관용어적 관점으로 본 하존 요한 계시록 1권(계1-3장 까지)

헬라어적 관점이란 개정성경의 각 장의 요절들을 헬라어로 쉽게 해석했다는 말이며 헬라어의 유래를 찾아 헬라어가 어떻게 변했는지 쉽게 설명하고 있다는 말입니다. 또한 역사론적 관점이란 요한 계시록을 역사론적으로 해석하고 있다는 말이며, 관용어적 관점이란 요한 계시록이 관용어로 연결되어 있는 것을 관용어를 찾아 설명하고 있다는 말입니다.

(가격 12,800원)

하존 요한 계시록 2권 (계4-8장 까지)

요한 계시록은 관용어로 기록되어 있는데 이 관용어를 히브리어로 마쌀이라 합니다. 마쌀을 다른 말로 하면 잠언이란 뜻입니다. 예수님의 비유를 헬라어로 파라볼레라 하는데 이 파라볼레의 유래가 마쌀입니다. 이 마쌀을 쉽게 해석하면, 관용어, 속담, 격언이란 뜻입니다. 그런데 계시록은 바로 이 관용어인 마쌀로 연결되어 있습니다. 그러므로 본 책을 보시면 계시록을 기록할 당시 요한이 이 관용어를 어떻게 사용해서 계시록을 기록했는지 알 수 있습니다.

(가격 12,800원)

하존 요한 계시록 3권(계9-12장 까지)

계시라는 말에는 헬라어 "아포칼립시스"와 히브리어 "하존"이라는 말이 있는데 "아포칼립시스"는 자연계시, 일반계시, 특별계시, 기타 등등의 계시라 해서 광역적인 계시를 말하고, 하존이란 한 가지 주제에 포커스(초점)을 맞추고 집중 조명하는 것을 말합니다. 제가 쓴 책인 이 요한 계시록이라는 책이 바로 종말(하존)에 포커스를 맞추고 쓴 책입니다.

(가격 12,800원)

하존 요한 계시록 4권 (계13-17장 까지)

이 책을 선택하신 여러분은 탁월한 선택을 하신 것입니다. 왜냐하면, 한국에서 헬라어적 관점과 역사론적 관점과 관용어적 관점으로 요한 계시록이란 책을 쓴 사람이 없고, 이 세 가지 입장에서 세미나를 하시는 분도 한 분도 없기 때문입니다. 그러나 저는 이 세 가지 관점에서 이 책을 썼습니다.

(가격 12,800원)

하존 요한 계시록 5권 (계18~19장,계21~22장 까지)

관용어란 히브리어로 "마솰"이라 하는데 이 말은 잠언을 말하는 것으로 "속담, 격언, 관용어"란 뜻이 있습니다. 그런데 이 마솰에서 비유라는 사복음서의 파라볼레가 유래 되었는데 이를 관용어라 합니다. 그런데 놀랍게도 요한 계시록은 제1장부터 22장까지 이 비밀코드인 마솰(파라볼레=관용어)로 다 연결되어 있습니다. (가격 12,800원)

하존 요한 계시록 6권 (계20장)

계시록은 관용어라는 비밀코드로 연결되어 있습니다. 그러므로 이 관용어인 비밀코드를 알지 못하면 요한 계시록은 해석될 수 없습니다. 그런데 저의 본 책이 바로 이 비밀코드를 푸는 열쇠가 될 것입니다. 왜냐하면, 계시록에 나와 있는 관용어를 다 정리해 놓았기 때문입니다. 여기서 관용어란 속담, 격언, 잠언, 비유를 뜻하는 말입니다. (가격 12,800원)

뉴 동의보감

어느 약사 장로님이 저의 이 책을 보시고 말씀하시길 "허준의 동의보감보다 목사님이 쓰신 이 책이 동의보감보다 더 잘 쓰셨습니다." 하고 말씀하시는 것을 들어 보았습니다. 그 약사 장로님이 말씀하신 것 같이 이 책에는 어느 병에는 어느 약초들이 좋은지 그 약초들의 소개로 가득 차 있습니다. 저 또한 몸에 병이 올 때 제가 쓴 이 책에 나오는 약초들을 사용함으로 대부분의 병을 치료받곤 했습니다. (가격 12,000원)

나는 기도응답을 100% 받고 있다

저자 오흥복 목사는 2003년까지만 해도 기도응답을 거의 받지 못했지만 기도의 방법을 바꾸고 나서 거의 100% 기도 응답을 받았습니다. 이 책에서는 이렇게 거의 100% 기도 응답 받을 수 있는 방법을 제시하고 있습니다. 여러분들도 이 책에서 제시하는 방법대로 기도하는 순간, 기도응답을 거의 100% 가까이 받게 될 것입니다.   (가격 11,000원)

기도응답은 만들어 받는 것이다

 이 책은 1권인 "나는 기도응답을 100% 받고 있다"라는 책의 후속 편으로 1권을 기반으로 썼기 때문에 1권을 보시지 않고, 이 책을 읽으면 잘 이해가 되지 않는 부분이 있습니다. 그러므로 반드시 1권을 읽으시고 이 책을 대하시길 바랍니다. 이 책은 지금 당장 문제 가운데 있는 분들이 보신다면 흑암의 터널을 통과하는 서광이 될 것입니다.   (가격 11,000원)

이젠 돈 걱정 끝

이 책은 물질에 대한 이해와 기본구도에 대해 설명하고 있습니다. 이 책을 보시면 물질이 어떻게 움직이는지 알게 됩니다. 그뿐만 아니라 이 책의 핵심은 번제인데, 번제는 힘으로도 안 되고, 눈물로도 안 되고, 기도로도 안 되던 문제를 해결하는 만병통치약과 같은 것으로 이 번제에 대하여 아주 잘 설명하고 있습니다. 또한 이 책과 "부자들의 이야기 그들은 이렇게 해서 부자가 되었다"라는 책과 "한국의 탈무드" 1.2.3권은 한 권의 책이라 보시면 됩니다. 그러므로 물질 문제를 해결하기 위해서는 이 책과 부자들의 이야기와 한국의 탈무드 1.2.3권의 책을 반드시 같이 보셔야 합니다.   (가격 12,000원)

한국의 탈무드 1

이 책은 묵상이 무엇이며, 무엇을 묵상해야 하며, 인생의 답인 지혜에 대하여 자세히 다루고 있습니다. 이 책에서는 솔로몬이 가졌던 지혜를 누구나 가질 수 있음을 말하고 있는데, 그 방법은 4가지를 통해 가질 수 있고, 생활 가운데 그 지혜를 활용하는 방법도 소개되고 있습니다. 사실 이 책과 "이젠 돈 걱정 끝이란 책과 부자들의 이야기 그들은 이렇게 해서 부자가 되었다"란 책은 한 권이라 보면 됩니다. 그러므로 이 책을 보신 분들은 "이젠 돈 걱정 끝과 부자들의 이야기"라는 책을 반드시 참고하셔야 합니다.   (가격 11,000원)

한국의 탈무드 2

이 책은 "한국의 탈무드 1"을 기반으로 쓰인 책으로 성공의 원리와 삶의 원리를 다루고 있습니다. 성공도 그렇고, 삶도 그렇고 모든 것에는 원리가 있습니다. 그래서 이 원리에 맞게 움직이면 우리는 누구나 다 성공할 수 있고, 원리에 맞게 움직이지 않으면 공부를 많이 했어도 실패할 수밖에 없습니다. 저는 이 책에서 지혜를 갖는 원리와 성공과 생활의 원리 약 80여 가지를 다루고 있습니다. 여러분들이 이 책에 나와 있는 원리를 잘 알고, 적용하시면 아마 100% 성공적인 삶을 살게 될 것입니다.   (가격 11,000원)

한국의 탈무드 3

하나님이 주신 지혜인 영감과 원리를 가지면 세상을 정복할 수 있습니다. 그런데 이 책엔 이런 원리와 예화가 가득 차 있습니다. 저는 개인적으로 지혜만 가지고 있으면 사막과 황무지에서도 살아남고 성공할 수 있다고 봅니다. 그런데 저의 책

"한국의 탈무드" 1.2.3권이 이런 지혜를 주는 지혜의 보고가 될 것입니다. 이 책엔 2권에서 다 말하지 못한 원리들과 지혜 예화들이 나오고 있습니다. 그러므로 이 책의 원리와 예화를 그대로 적용하시면 아마 100% 성공적인 삶을 살지 않을까 생각합니다.   (가격 11,000원)

임재 기도의 힘, 생각만 해도 응답 받는다

이 책은 임재와 기름부음의 차이, 어떻게 하면 성령의 임재 가운데 있을 수 있는지 아주 잘 설명하고 있으며, 어떻게 하면 생각만 해도 응답 받는지에 대하여도 잘 설명하고 있습니다. 그분만 아니라 방언에 대한 오해와 궁금한 모든 것을 아주 자세히 설명하고 있습니다. 이 책을 보시면 누구나 방언을 말하게 될 것이며 또한 "성령을 이해하면 당신도 환상과 예언을 할 수 있다"라는 책은 이 책의 후속편이오니 참고해 주셨으면 합니다.   (가격 11,000원)

성령을 이해하면 당신도 환상과 예언을 할 수 있다

이 책은 "임재 기도의 힘, 생각만 해도 응답 받는다"의 후편으로 성경에 나와 있는 9가지 은사를 어떻게 받으며, 은사를 사용하는지에 대하여 다루고 있습니다. 그분 아니라 우리의 초미의 관심이 되는 환상에 대하여 자세히 다루고 있으며, 또한 예언하는 방법에 대하여 자세히 다루고 있습니다. 이 책을 읽으시고, 바로 이해만 하신다면 이제는 누구나 환상을 볼 수 있게 되고, 예언을 할 수 있게 될 것입니다.   (가격 11,000원)

부자들의 이야기 그들은 이렇게 해서 부자가 되었다

이 책은 록펠러와 빌게이츠, 샘 월튼, 호텔왕 콘래드 힐튼, 워렌 버펫, 그리고 한국의 부자들이 실제로 어디에 어떻게 투자해서 부자가 되었는지 그들의 투자 노하우가 그대로 심층 분석되어 있습니다. 이 책을 보시고 이 책에서 제시하는 방법대로 투자하면 당신도 부자가 될 수 있을 것입니다. 다시 말해 실전 투자 방법들이 소개되고 있습니다. 사실 이 책과 "이젠 돈 걱정 끝", "한국의 탈무드" 1.2.3권은 한권의 책이라 봐야 할 것입니다. 그러므로 이 책을 보신 후 그 책들을 참고해 주셨으면 합니다.   (가격 12,000원)

영적 존재에 대한 이야기

이 책은 여섯 가지 영적 존재인 하나님과 천사와 사람과 마귀와 귀신과 미혹의 영에 대하여 아주 자세히 쓰고 있습니다. 이 책을 읽으시면 여섯 가지 영적 존재의 움직임을 자세히 알게되어 가만있어도 여섯 가지 영적 존재가 어떻게 활동하는지를 알게 될 것입니다. 이 책을 한마디로 말하면 여섯 가지 영적 존재를 아는 필독 도서라 보면 될 것입니다.

(가격 11,000원)

다가온 종말론

종말론에 대한 책들이 많이 있지만, 이 책은 주님이 보시는 종말론을 기록하였습니다. 저는 감히 말씀드립니다. 펠라 지역을 모르면 종말론을 다시 해야 한다고 말입니다. 그 정도로 종말론에 있어 펠라 지역은 중요합니다. 그런데 이 펠라 지역에 대한 정보가 바로 이 책에 기록되어 있습니다.

(가격 11,000원)

성경 보는 눈을 열어주는 창세기

우리는 창세기 하면 그저 신비로 생각하는데, 중요한 것은 우리가 성경을 아는데 있어 교두보의 역할을 하는 것이 바로 창세기입니다. 그러므로 우리가 창세기를 잘 알지 못하면 성경을 이해하는 데 어려움을 겪게 됩니다. 성경의 비밀이 창세기 안에 다 들어 있기 때문입니다.

(가격 11,000원)

삼위일체와 예수

우리는 삼위일체 하면 굉장히 어려워합니다. 그러나 실제로 삼위일체는 신비가 아니라 아주 쉬운 부분에 해당합니다. 이 책에는 이 삼위일체의 비밀을 잘 설명하고 있으며, 우리가 믿는 예수님에 대한 신비를 이해하기 쉽게 기록하고 있습니다. 그러므로 삼위일체와 예수님에 대하여 알고 싶으시면 이 책을 꼭 보시길 바랍니다.

(가격 11,000원)

상상하며 기도 하면 100% 응답 받는다

이 책은 제가 지난 24년 동안 기도 응답에 대하여 연구하기 시작하면서 응답 받았던 부분을 종합해 본 결과 얻어낸 결론입니다. 또한 지난 7년 전부터 이 결론을 가지고 임상실험을 해 기도응답을 거의 100% 받은 비밀을 그대로 공개하고 있습니다. 그래서 이 책을 저는 기도응답의 결정판이라 말하고 싶습니다. 여러분들도 이 책에서 제시하는 방법대로만 기도하신다면 틀림없이 100% 받게 될 것입니다.

(가격 6,000원)

주님을 사랑하면 복들이 온다

기도응답을 받기 위해서는 우리가 하나님이 사랑하시는 분을 사랑하면 되는데 그 첫째가 말씀이고 둘째는 예수님이십니다. 이 말씀과 예수님을 친밀하게 사랑하면 돈을 비롯한 영혼이 잘되고, 범사가 잘되고, 강건한 복을 받게 됩니다. 그런데 이렇게 말씀을 친밀하게 사랑하는 방법이 주어 3인칭을 주어 1인칭으로 바꾸면 되고, 주님을 사랑하되 사랑하는 증거를 가지고 있으면 됩니다. 자세한 내용은 이 책을 구매해서 읽어 주시길 바랍니다.   (가격 6,000원)

다바르(이름대로 된다)

다바르라는 말은 말이 현실로 되는 창조적인 말을 의미하는 히브리어입니다. 우리나라 말에 "말에 씨가 있다"라는 말이 있는데, 이 말을 성경 식으로 표현하면 바로 다바르가 되는 것입니다. 어떤 사람은 뒤로 넘어져도 코가 깨지고 안 되지만 어떤 사람은 뒤로 넘어져도 일어날 때 돈을 줍고 성공하게 되는데, 이렇게 인생에서 실패와 성공을 좌우하는 이유가 바로 이름 때문입니다. 즉 다바르의 역사 때문입니다. 이 책을 읽어 보시면 이름의 중요성과 다바르의 중요성을 알게 되어 이제부터 성공적인 인생을 살게 될 것입니다.   (가격 6,000원)

성경 보는 안경 1 (상)

우리가 성경을 가장 짧은 시간 내 독파할 수 있는 방법이 있는데 그것은 바로 성경의 용어를 잘 이해하는 것입니다. 저는 이 책을 조직신학 해석집이라 할 정도로 성경의 용어들을 읽기만 해도 쏙쏙 해석될 수 있게 기록했습니다. 그러므로 한번 구매해서 상, 하권 두 권을 읽어 보시면 여러분들이 지금까지 궁금해했던 성경에 대한 모든 답을 다 찾아낼 것이며 성경에 대한 궁금증이 다 사라질 것입니다. 상하권 두 권으로 되어 있으며 반드시 두 권 다 구매해 읽으셔야 합니다.

(가격 11,000원)

성경 보는 안경 2 (하)

이 책은 성경 보는 안경이라는 1권(상) 책에서 다루지 못한 내용을 이어 쓴 2권(하) 책으로 역시 기존에 어렵기만 했던 성경 용어들을 쉽게 볼 수 있게 해석해 놓은 책입니다. 우리가 성경을 단기간에 돌파할 수 방법이 있는데 그것은 성경 용어를 잘 이해하면 됩니다. 그런데 이 책은 1권(상)에 이어 읽기만 해도 성경 용어들이 잘 이해될 수 있게 썼습니다. 한번 구입해 읽어 보시면 성경이 쉽고, 재미있다는 것을 알게 될 것입니다.(가격 11,000원)

암과 아토피와 성인병은 더 이상 불치병은 아니다

서양의학의 아버지인 히포크라테스는 말하길 "면역은 최고의 의사이며, 최고의 치료법이다" 라고 했고, 유명한 약학 전문가인 "사무엘 왁스맨"은 "모든 질병을 고칠 수 있는 치료법은 이미 이 세상에 존재하고 있다"라고 말했습니다. 이 책에는 바로 이런 불치병을 치료할 수 있는 방법을 자세히 다루고 있습니다.

(가격 11,000원)

약이 없는 병은 없다 1 (품절)

제가 약초와 한국의 풀들을 연구하며 느낀 것은 세상에 약이 없는 병은 단 한 건도 없다는 것이었습니다. 또한 사람이 자연 수명을 다하지 못하고 죽는 이유가 약이 없어 죽는 것이 아니라 약을 찾으려 하지 않고, 약을 찾았어도 그 찾은 약을 믿지 않고 쉽게 포기해 버려서 죽는다는 것이었습니다. 이 책을 보시면 모든 병에 반드시 약이 있다는 것을 알게 될 것입니다.

(가격 11,000원)

약이 없는 병은 없다 2

만병통치약은 없어도 모든 병엔 다 약이 있습니다. 이 책에 있는 약초들이 여러분의 병을 치료할 것입니다. 이 책은 한국의 나무와 풀들인 약초에 대한 것이 2권이고, 이 책에서 다루지 못한 부분은 제3권에서 다루도록 하겠습니다. 여러분들이 이 책을 읽어 보시면 진짜 약이 없는 병은 없다는 것을 알게 되실 것입니다. 제가 이 책을 쓴 이유는 우리 믿는 모든 성도가 이 책을 읽으시고 120살까지 건강하게 무병장수하셨으면 해서 쓰게 되었습니다.

(가격 10,000원)

약이 없는 병은 없다 3

하나님이 주신 나무와 풀인 약초 안에 모든 병에 대한 약인 만병통치약이 있습니다. 이 책에 나와 있는 약초와 풀들이 당신의 병을 치료하는 만병통치약이 될 것이며, 우리가 약초에 대하여 잘 알면 진짜 약이 없는 병은 없다는 사실을 알게 될 것입니다. 저는 우리 성도들이 나무와 풀인 좋은 약초를 드시고 120살까지 무병장수했으면 합니다. 이 책을 읽어 보시면 120살까지 장수한다는 것이 결코 불가능한 일만은 아니라는 사실을 알게 될 것입니다.

(가격 10,000원)

세포를 치료하면 모든 병(암)이 치료된다 (절판)

우리 몸의 구조는 물이라고 하는 피가 70%이고, 세포가 30%로 구성되어 있습니다. 그러므로 우리 몸에 문제가 생기면 물이라고 하는 피와 세포를 치료하면 자동으로 병은 치료됩니다. 그런데 피에 관한 문제는 혈액순환에 관한 문제이며, 세포에 관한 문제는 8가지 당에 관한 문제입니다. 이 책은 바로 이 피와 세포를 어떻게 하면 정상으로 만들 수 있는지를 다루고 있습니다.　　　　　　　　　　　　　　(가격 4,000원)

구원과 성막

이스라엘 사람들이 아론을 중심으로 눈에(출32:4) 보이는 하나님을 믿기 원하는 것을 하나님은 아시고 하나님은 그들을 심판하셨습니다. 그러나 한편으로는 눈에 보이는 하나님을 믿고 싶어 하는 사람의 마음을 이해하셔서 하나님의 얼굴인 성막을 주셨는데 그분이 바로 예수님이십니다. 이 책엔 여러분들이 신앙생활 하며 궁금해했던 구원의 3단계와 성막에 대하여 쉬우면서도 심도 있게 다루고 있으니 구원의 확신이 없으신 분들이나 성막에 대하여 궁금하셨던 분들이 보시면 신앙생활에 많은 도움이 될 것입니다.　　　　　(가격 11,000원)

침례와 성경

저는 모든 성도가 반드시 침례를 받아야 한다고 개인적으로 주장하는데 제가 왜 이렇게 강하게 주장하는지 그 이유가 이 책에 나옵니다. 성경이 무엇이며 왜 우리가 성경을 믿어야 하며 또한 사장되어 있는 말씀을 어떻게 레마로 살려내야 하며 어떻게 해야 말씀을 굳게 잡아 말씀이 그대로 이루어지게 하는지 그 방법이 소개되고 있습니다. 그러므로 당신도 이 책에

서 말하는 대로 하면 말씀이 레마로 역사하는 것을 체험하게
될 것입니다.   (가격 11,000원)

성경의 진수(1)

성경을 입체적으로 볼 때 성경이 한눈에 들어오게 되어있습니
다. 그리고 성경을 입체적으로 보는 방법은 성경에 나와 있는
단어들을 바로 알면 됩니다. 이 책을 포함해 「삼위일체와 예
수」, 「다가온 종말론」, 「영적 존재에 대한 이야기」, 「성경 보
는 눈을 열어주는 창세기」, 「성경 보는 안경1(상).2(하)권」,
「구원과 성막」, 「침례와 성경」, 「성경의 진수 1.2권」 등 10권
의 책을 읽어 보시면 당신도 바로 성경의 전문가 될 수 있을
것입니다. 이 책들이 바로 성경을 입체적으로 기록해 놓았기
때문입니다.   (가격 11,000원)

성경의 진수(2)

성경은 단어들의 연속으로 구성되어 있습니다. 그래서 성경에
나와 있는 단어들만 완벽하게 이해하고 바로 알기만 하면 성
경을 관주해서 볼 수 있습니다. 이 책은 이렇게 당신에게 성경
에 나와 있는 용어들을 이해하는데 길잡이가 될 것이며 또한
이 책에 나와 있는 용어를 바로 알면 성경의 진수를 알게 될
것이며 성경을 통달하게 될 것입니다.

                                              (가격 11,000원)

천사를 만난 사람들의 이야기

초 판 1 쇄 | 2022년 07월 31일

지 은 이 | 오흥복
펴 낸 이 | 이규종
펴 낸 곳 | 엘맨출판사
　　　　　 서울시 마포구 토정로 222 422-3
전 　 화 | (02) 323-4060
팩 　 스 | (02) 323-6416
홈 페 이 지 | www.elman,kr
메 　 일 | elman1985@hanmail.net
등 　 록 | 제10-1562(1985. 10. 29)

I S B N | 978-89-5515-025-4(03230)
정 　 가 | 11,500 원